「働く」ことについての本当に大切なこと

古野庸一 著

東京 白桃書房 神田

はじめに

本書は、「働く」ことについて書いています。

これから働こうと思っている人、もう働きたくないと思っている人、働くことに悩んでいる人、働く人にアドバイスをしている人、「働き方改革」やキャリア自律施策を考えている企業の人事の人たちに書いています。


これからの時代。

医療の発達に伴い、長寿になっていきます。

しかし、長寿になるということはうれしいことばかりではありません。

高齢になっても、自分の居場所があるかどうか心配です。

そして、年金が十分にあるかどうかわかりませんので経済的基盤が必要になってきます。

より長い期間、働く必要がありそうです。

また、人工知能やロボットに仕事を奪われることも想定しなければいけません。ちゃんと「生き残れる」のかどうか心配になってしまいます。

一方で、「生き残る」だけでは、何のために生きているのかわかりません。私たちは「幸福」を味わいたいと思っています。

働く時間以外で「幸福」を味わうことも大切ですが、働いている時間でも「幸福」を味わうことができれば、人生の満足度は高まります。

現代日本の多くの人にとって、「働く」ことは、時間という観点でも、意識という観点でも、人生の中で大きなウエイトを占めています。ゆえに、働いている時間の中で「幸福」を見出せるほうがよいと思います。また、「幸福」と感じることなく働くことは、満足感を得られないというだけではなく、健康を損なうことにもつながります。だからこそ、「働くことを通じて、『生き残る』ことと『幸福になる』ことを両立させる」ことが大切であると思っています。

子供に対する教育方針を見ていると、多くの親が、「生き残る」ことと「幸福になる」ことを意識しているように見えます。

「生き残って欲しい」という思いから、幼稚園のときから英語の塾に行かせ、小学校4年生のときから進学塾に行かせ、いわゆるいい中学、いい高校、いい大学に行かせようとしている親がいます。

一方で、「幸せになってほしい」という思いで、受験戦争になるべく巻き込まれないように、のびのびとした学生生活が送れるように、自分らしく生きられるようにしている親がいます。


「生き残り」と「幸福」。ときに相反します。

「生き残り」とは、外部環境に適応することです。環境が変われば、それに合わせて自分を変えていくことが必要です。他の人との競争に勝たないといけません。一番にならなくてもよいですが、ビリになることは避けなければいけません。生き残るために将来のリスクを勘案して、準備が必要です。今日の快楽を我慢して、明日の不安解消に向けての準備が必要です。どちらかというと、ネガティブな感情が支配しています。

一方で、外の環境に合わせてばかりいては「幸福」にはなれません。「幸福」の感情は、過去を振り返っての満足、現在の充実、未来への希望のように、ポジティブな感情で満たされていることが一般的です。自分らしく、リラックスし、時間に追われずゆったり、優しさに包まれていると形容できますし、他者との関係性も、競争ではなく協調であり、わかり合えるということになります。

「働くことを通じて、『生き残り』と『幸福』の両立ができること」は、大切なことであり、本書は、その両立を探索している本です。

私自身は、人の採用や教育を扱っているリクルート(1)という会社に入社したということもあり、「働く」ということを考える機会に恵まれました。リクルートの社内で、１９９０年代の後半から２０００年代前半にかけて、自分のキャリアを考えるためのアセスメントの開発やキャリアカウンセラーの養成を行うビジネスを立ち上げることを経験しました。そのようなビジネスを行うだけではなく、リクルート内にある研究機関において、「働く」ことに関する調査や研究を継続してきました。多くのビジネスパーソンに会い、「働く」実態をつかみ、「働く」動機や意味をめぐって議論をしてきました。また、就職活動をしている学生にワークショップを行い、「働く」目的や就労観についての話を聞いてきました。そのような経験を通して考えたことが、本書のベースになっています。

本書を通じて、読者のみなさんに何らかの示唆が提供できたらとしたら、望外の喜びです。

注

（１）本書の中で「リクルート」という言葉をたびたび使っていますが、すべて企業体としての「リクルート」という意味で使っています。正確には、「株式会社リクルート」や「リクルートグループ」と表記すべきところもありますが、総称して「リクルート」と表記しています。

目次

1

自分にとっての「働く」意味をもう一歩深く考える

2 「生き残る」ことと「幸福になる」こと

3 「働く」ことと「幸福になる」こと

4 自分に合う仕事を見つけることをあきらめない

5 自分の居場所を確保し続ける

6 より豊かに働く

0

「働く」ことについての本当に大切なこと

しんどいだけでも、お金のためだけでもない

大学生の頃、「働く」ことに対して、ネガティブな感情を持っていました。拘束される時間も長いし、規則も多そうで、窮屈なものととらえていました。そもそも、毎日朝早く起きて満員電車に乗ることに、意味があるのかと。そういうことを親戚のおじさんに話したところ、「お前はまだまだ甘い。仕事はしんどいから給料をもらえるのだ」と言われました。

確かに、しんどいから給料をもらえるのかもしれませんが、単にしんどいだけであれば続けられないとも思っていました。

そういうことを考えてから、30年以上の月日が経ちました。

確かに、仕事はしんどいところもありますが、楽しいところもあります。日本で仕事満足度調査をすると、おおよそ6割から7割の人たちが仕事に満足しているとこたえます。[1] その数字は、諸外国と比べると高くはないですが、[2] 半数以上が満足しているということは事実です。仕事はしんどいだけではなさそうです。

そもそも、なぜ私たちは働くのでしょうか。お金のためと思われるかもしれませんが、それだけではありません。暮らしていくのに十分なお金があったとしても、働きたいと思っている日本人は半数以上いるというのが「日本人の国民性調査」の結果です。それこそ、やりがいを求めて、生きている意味を求めて、働いています。

逆に、意味がないと思う仕事をすることほどつらいことはありません。

意味がない仕事を語る際に、ギリシア神話の「シーシュポスの神話」の話がよく引き合いに出されます。神がシーシュポスに課した罰は、岩を転がして、山の頂上まで運び上げるというものです。山頂まで岩を運ぶと、岩はそれ自体の重さでいつも転がり落ちてしまいます。それをまたシーシュポスは、山頂に運び上げ、するとまた岩が落ちるということを永遠に繰り返します。無益で希望のない仕事という意味合いで、罰です。

日本で働いている多くの人は、そこまで意味がない仕事をしているわけではありません。何かしら社会に役立っていると思える仕事をしています。また、自分がやっている仕事が、意味がないと思えば、その仕事を辞めることもできます。

「睡眠時間を削って稼いだお金が、睡眠不足のストレスを解消するためにアイスクリーム代に消える。どうも、これはおかしい」と思い、伊藤洋志氏はナリワイ（生業）を始めたと、その著書『ナリワイをつくる──人生を盗まれない働き方』で語っています。ナリワイとは、人生を直接充実させるような仕事です。自分の時間と健康をお金と交換するのではなく、自分の生活をつくる能力を磨き、それを仕事にしてしまうようなライフスタイルです。(3)

伊藤氏は、初めベンチャー企業に勤めましたが、その働き方が自分に合わないと判断しました。彼にとってベンチャー企業の仕事は、シーシュポスの岩運びのように、意味がない仕事のように思えたのでしょう。その後、ナリワイという働き方を試み、自分なりの意味を見つけています。

「そもそも仕事の起源を考えてみれば、みながやるのが面倒なことを誰かがやってくれたらありがたいなあ、ということをやる気のある人が担当してきた、ということだ。（中略）仕事というものは、誰かの役に立っていたり、楽しませているから仕事になっている」と、同書の中で伊藤氏は言います。大掛かりな仕掛けをつくるわけではなく、生活の中から仕事を生み出し、仕事の中から生活を充実させる。そんな仕事をいくつもつくって組み合わせていく。彼は生活自給力を高め、結婚式の企画運営、リノベーション、シェアオフィスなどのナリワイを行っています。それは仕事であり同時に生活でもあり、娯楽でもあります。

１００年後の未来から見ると「おかしい」と思えること

日本社会は、今後も急速に変化していきます。国内の人口は減少し、技術革新も高齢化もこれまで以上のスピードで進展します。人工知能やロボットなどの機械に雇用は奪われ、社会保険や税負担は増えていくでしょう。

国内の人口が縮小していくということは、国内だけで展開している企業は、うまくイノベーションをしなければ売上が減少していくことを意味します。国内だけでなく、海外でうまく展開できればよいですが、自分たちの製品やサービスが海外で気に入られるかどうかはわかりませんし、海外にも多くの競合がいます。海外の人と仕事をするわけですから、マネジメントスキルも高めていかなければいけません。それはそれで、厳しいことが予想されます。何も考えずに経営を行っていけば、売上が減少していくことが予想されます。そうすれば、社内のポストも減りますし、お給料もそう簡単に上がらないということになります。

また、私たちは、これまでの時代の人よりも長生きすると予測されています。１００歳まで生きるということも現実的に考えられることです。60歳まで働いても、残りまだ40年あります。単に余生を送るには、あまりにも膨大な時間です。将来、年金が十分に支払われないリスクも勘案すると、65歳を過ぎて、70歳、80歳でも働く必要がありそうです。

政府で旗を振っているということもあり、「働き方」に関して、様々なメディアで目にする機会が明らかに増えました。インターネット・テレビ・新聞あるいはビジネス誌で特集を組まれるだけではなく、娯楽誌などでも取り上げられています。その中身や背景は様々です。労働時間に関するものもあれば、仕事や会議の進め方、あるいは雇用形態による不公平をなくそうというものもあり、その内容は多岐にわたっています。

さらに、単に「働き方」という話だけではなく、「働き方」の前に「新しい」という形容詞をつけ、「新しい働き方」を前面に押し出しているセミナーやフォーラム、ネット記事も増加しています。同様に、「働き方」の後ろに「改革」というワードがセットになって語られるケースも多数あります。

長時間労働の是正に代表されるように、「働き方改革」は、表面的には、女性の活躍促進であり、ブラック企業の撲滅であり、健康増進ですが、深層では、働く意味、仕事の中心性、仕事と家族の関係性、あるいは仕事と幸福の関係性の問題だと考えます。

厚生労働省の「専業主婦世帯と共働き世帯　1980年~2017年」によると、2017年の共働き世帯数は、専業主婦世帯数の約2倍になっています[4]。多くの家庭で、仕事、家事、育児に手一杯で時間が足りないという状況になっています。保育所や親の助けを借り、パートナーと協力し、会社の仲間にも理解してもらいながら頑張っていますが、疲れてくるとふと、「仕事の比重が多すぎないか」「子供の成長する姿を見られないって不幸なことではないか」、そして「なんのために頑張っているのだろうか」と考えてしまいます。

「新しい働き方」として語られる、「短時間労働」「テレワーク」「スローワーク」「ダウンシフト」「地方への移住」「ボランティア」「パラレルキャリア」などの働き方は、深層において、これまでの働き方に対する疑問があります。ナリワイの伊藤氏が言うように「これはおかしい」と思うことから始まっています。

たとえば、平日の毎日、朝と夜、首都圏では通勤ラッシュがあり、まったく知らない他人と押し合いへし合いをしています。通勤とはそういうものであり、慣れてしまえば、そんな大騒ぎすることではないと言えます。しかし、仮に100年後の未来から見ると、現代はどう映るでしょうか。何か「おかしい」ことはないでしょうか。

今からおよそ100年余り前、1903年農商務省発行の『職工事情』（犬丸義一）によれば、女工は、始業4時半、終業19時半、休憩時間を除いて14時間強、働いていました。休日は、年末年始と旧盆に数日。定期休業日がないところも多く、あっても月に1日、2日でした。

製糸業の場合、ことのほか労働環境は劣悪でした。熱湯で工場内の湿度は高く、水蒸気が天井で冷やされ大粒の水滴になって雨のように落ちてくる中で、女工はずぶ濡れになって働いていたと『ある製糸工女哀史　あゝ野麦峠』（山本茂実）にはあります。そのような劣悪な環境の中、結核で命を落とす女工は少なくありませんでした。『女工哀史』（細井和喜蔵）によれば、毎年1000人中23人という高率で亡くなっており、全国72万人（大正中期）の女工の2・3％、すなわち1万6500人が毎年死亡していた換算になります。文字通り、命を削っての労働でした。

『資本論』の「労働日」という章の中で、カール・マルクスは、１８６０年代のイギリスの労働の様子を描写しています。

九歳から十歳の子供たちが、朝の二時、三時、四時ごろに、彼らの不潔なベッドから引き離されて、ただ露命をつなぐだけのために、夜の十時、十一時、十二時まで労働を強制され、その間に彼らの手足はやせ、身体はしなび、容貌はにぶくなり、そして彼らの人間性は、全く石のような麻痺状態に硬化し、見るも無残な有様である。

私のこの子が七歳だったとき、私はこの子を背負って、雪の上を往復するのが常でした、そして彼は、十六時間働くのが常でした！……しばしば私は、彼が機械についてたっているあいだに、膝をついて彼に食事をさせました、彼は機械を離れたり、停めたりしてはならなかったからです

マルクスの関心事は、１日何時間働くことが公正なのかということでした。工場主はせっかく労働者を雇っているわけですから、なるべく少ない賃金で何時間でも働かせたいという欲求があります。一方で、そんなに長い時間、人は働けるわけではありません。体力ももたないし、精神的なダメージを受けることもわかっています。マルクスは、何時間働くのが適切なのか、その対価としてどのくらいの賃金が支払われることが公正なのか、ということを考えていました。

またマルクスは、産業革命期における労働のあり方は、人間の本来の労働とは異なるものであるととら

えていました。労働者が生産したものが労働者のものではなく別の人間の所有物になることを、否定的な意味で「疎外」という言葉を使っていました。加えて、工場の労働そのものも自分で決めたものではなく、他人によって決められたものになっており、労働がよそよそしいものになっていて、それも「疎外」としてとらえていました。つまり、自分の労働は自分で決め、自分で生産するものを自分で消費することが、本来の労働であるということをマルクスは前提にしていたのです。

現代日本では、7歳の子供に16時間も働かせることはありませんが、長時間労働は行われています。また、現代の工場において、自分で生産したものを自分で消費することはありません。ある意味、マルクスが考える本来の労働の姿から離れていると考えられます。ただ、工場での生産は機械化が進み、実際に工場で働いている労働者の数は大幅に減っています。また、産業構造も大きく変化し、工場で働く人よりもオフィスで働く人が増えていますし、自分で自分の仕事や時間を管理できる労働者は増えています。そういう意味では、マルクスの考える本来の労働の姿に近づいていると言えます。

しかしながら、理想的な働き方をしているわけではありません。様々な葛藤の中で、各人はよりよい働き方を求めています。

広告代理店に20年以上勤めていた知人は、自分が行っていることに疑問を感じ、広告代理店を辞め、現在は地方で地域活性化の仕事を行っています。その結果、広告代理店では感じられなかった充実感が得られているそうです。

知人は言います。

今の日本、モノは溢れている。日常生活を営むにあたって、必要でないものが溢れている。必要ではないモノを魅力的に見せ、販売するために広告を行う。それでも人々が喜んでくれればいいが、不要なモノが売れれば売れるほど、不要なモノをつくらなければならない。そして、つくればつくるほど地球の貴重な資源が使われる。

そのようなものに加担している自分の仕事は、不必要どころの話ではなく、かえって人類を不幸に導いていると、会社に入って10年ぐらいして感じ始めた。しかし、上司には評価されているし、お給料もいいし、職場の仲間もいい人が多かったので、そういう思いを封印していたんだ。

しかし、原因不明の病気になった。微熱が数カ月も続く。時々腹痛が起きる。そのうち、やる気を失い、会社に行くのがつらくなった。専業主婦の妻と2人の子供がいるので簡単に辞められないと思ったが、妻に「辞めたらいいじゃない。私も何とか頑張るし。」と言われて、辞める決心がついた。

この知人は、時代の変化に翻弄されながら、試行錯誤を行い「意味がある仕事」を見つけたのです。

ロールモデルがない時代

これからの「働く」環境は著しく変化するでしょう。そのような環境を考えると、「働く」意味や目的はますます重要になってきます。なぜなら、これまでのロールモデルがあまり役に立たない時代になってくるからです。

明治維新以降、日本はわかりやすい目標を持っていました。戦前、戦後を通じて、富国強兵、所得倍増、欧米列強に追いつき追い越す、という目標が、国家や社会に浸潤していました。私たち個人も昨日よりも今日、今日よりも明日のほうがよくなるという希望を持ち、そのために懸命に働いていました。

実際、働けば働くほど、経済的に豊かになりました。郊外に一軒家を持ち、家にはテレビ、クーラーが入って快適になり、マイカーでドライブを楽しむこともできるようになりました。経済的な豊かさと幸福感がリンクし、目の前の仕事に懸命に取り組む動機になりました。深く考える必要はありませんでした。「意味のある仕事」という観点よりも、「いい大学に入って、いい会社に入れば、幸せになる」という暗黙の成功モデルが存在し、多くの人はそのモデルに依存していました。今から考えると、「働く」目的もシンプルに見えます。

この時代のロールモデルはこうです。男性が外で働き、女性は専業主婦。男性は早朝から深夜まで働き、都会に勤務していれば、満員電車に揺られ、行きも帰りもそれぞれ1時間、合計2時間の通勤。休日は翌週の仕事のための休養であり、その準備を行います。平日は体を動かしていないので、健康のためにジムやゴルフの打ちっぱなしにいかなきゃと思いながらも、体を動かすことが億劫になっています。

子供はいるが、育児は妻に任せており、平日は寝顔を見るだけで話すこともなく、休日もうまく関われません。ＰＴＡ活動も妻に任せており、子供がどういう状態にあるのかよくわかっていません。地域活動も特に参加していません。会社に対しては忠誠心を持ち、献身的に働き、誰の仕事かわからない仕事でも、会社にとって必要な仕事は積極的に拾いにいきます。

自分のキャリアは、人事や上司が考えてくれていると思っています。なぜなら、自分は会社のことをかなり考え、会社のためと思って働いており、会社も同じように自分のことを考えてくれているに違いないと思っているからです。自分で自分のキャリアを考えることには消極的です。考えていたとしても会社内で実現できる可能性も低いと考えます。だから、目の前にある仕事に懸命に取り組んでいます。逆に、目の前の仕事を懸命にやっていれば、明日は開けていくのではないかと考えています。

定年までひとつの会社で勤め上げます。しかし、定年後の生活をデザインしているわけではありません。周りの人たちも特にデザインしているわけではないので、なんとかなるのではと思っています。多くの男性社員は、そう思って働いていましたし、今でもそう思っている人も多いと思われます。

こうして欧米列強に追いつき、追い越したと思ったら、バブルが弾けました。そして、追いついたかもしれませんでしたが、そこは幸福感、充実感が薄い社会でした。また、地球の資源には限界があり、好き放題に経済成長することが必ずしも正しいわけではないという現実が突きつけられました。

同時に、日本社会は人口減少フェーズに入り、経済は成長しようと思っても成長できない状態にあります。政府は新たな目標を掲げて、経済成長を促進させようと思っていますが、そのような目標自体が虚しいものに感じられ、そのような目標を持って生きることに疑問を持つ若者が増えています。

なぜなら、広告代理店の知人が言うように、モノをたくさん持つことが必ずしも幸せではないことに気づいていますし、モノをたくさん持つために懸命に働くことに意味を感じなくなっているからです。

単純に経済成長がよいことであると信じられた時代であれば、会社の成長に疑問を持たずにコミットできます。個人にとっても、昇進や昇給がやる気の源泉になります。しかし、昇進に伴って、金銭的な報酬で報われたとしても、責任は重くなり、自由に使える時間が少なくなることも懸念材料です。また、金銭的な報酬が必ずしも幸福につながるわけではないと感じている人も少なくないという状況です。

本書の構成

「働く」意味や目的は、「働く」原動力になるところであり、本書の前提になるところですので、第1章で詳しく扱います。

第2章以降では、「はじめに」で述べたように、本書のコアである「生き残り」と「幸福」の両立を試みます。「生き残り」と「幸福」は、正確に言うと、相反するところと重なり合うところがあります。重なり合うポイントとしてどのようなことがあるのか考えていきます。

まず第2章では、「生き残る」ことと「幸福になる」ことの両立を図るということについて、検討していきます。また、第3章では、前提になる「幸福」ということに関して、「働く」こととからめながら考えていきます。

そして第4章では、自分に合う仕事について考えます。生き残るためにも幸福になるためにも、自分に合った仕事が選べているというのは必要条件です。

しかし、「自分に合った仕事を見つけること」というのは、難しい作業です。アルバイト以外に働いたことがない学生にとってはもちろん難しいですし、20年も30年も働いている人にとっても難しいことです。他にもっと自分に合った仕事がある可能性は否定できないからです。仕事の種類は、厚生労働省の職業分類表の細分類によると約900もありますし、働く先となる事業所は、総務省統計局によると、日本の中でも何百万もあります。合理的に見つけるということはできないでしょう。

どんな仕事が自分に向いているのだろうと思い悩むのは、当たり前の話です。しかし、歴史を振り返ると、それは贅沢な悩みです。人類の歴史の中で、職業が選べるようになったのは、近代に入ってからのせいぜいこの100年程度です。大昔は、それを職業と呼ぶかどうかは別にして、みな狩猟採集をしており、その後、多くの人たちは農業を営み、仕事を選ぶ自由はほとんどありませんでした。その仕事が合っているかどうかにかかわらず、親の仕事を継ぐということが普通でした。そういう意味では、仕事を選ぶ自由があるということは、昔の人から見ると羨ましい話です。しかし、選択できる仕事の数が多すぎるのは、悩みの種でもあります。

社会人に聞いてみると、先輩を訪問し、話を聞いたら面白そうだったからその会社を選んだとか、テレビを見てカッコいいから今の仕事を選んだという人が大半です。悩みの種でもありますが、そんなに深く考えて選んだわけではない人もたくさんいます。しかしそれで、現在の仕事に満足しているかどうかは別問題です。

結婚式の企画を行う仕事は楽しかったですし、毎日が充実していました。式までの準備は大変ですが、新郎新婦をはじめとして多くの人が喜んでいる姿を見て、この仕事をしてよかったと思いました。

けど、忙しすぎて体がもたなくなったので、式の企画を行っている部門からレストラン部門に異動させてもらいました。レストランの仕事は、申し訳ないですが、日々、単にこなしているという感じです。仕事と余暇は、時間的には8対2ですが、意識的には2対8です。もう少し元気になったら、意味があると思える仕事をしてみたいです。

これはホテルを運営する会社に就職した女性の話です。30歳になったばかりですが、現在、仕事に満足しているわけではありません。暮らしていくために働いているという感じです。結婚式の企画という仕事は、職場の上司同僚にも恵まれており、満足感があったわけですが、長期的に働くには、彼女にとっては難しい仕事でした。

「自分に合った仕事」を見つけるということは、狭義の仕事が合っているということもありますが、仕事の周辺にある、上司や同僚、会社の風土、働き方というようなものも含まれます。狭義の仕事が合っていても、働き方が自分の体に合わなければ、長く続けるのは難しいと思われます。

これからの「働く」環境を考えると、「自分に合う仕事」を見つけることはますます重要になってきます。技術革新のスピードが早くなってきていますので、大きい会社も明日はどうなるかわかりません。倒産しないまでも事業縮小に伴い、リストラの犠牲になるかもしれません。

時々、企業の状況がよくわかっている戦略コンサルタントの方や経営者の方とお話しすることがありますが、「今の大学生に推薦する会社は本当に少ない。昔であれば、元気のいい製造業を推薦できたが、今はなんともいえない」という話をよく聞きます。もちろん、元気なベンチャー企業はたくさんありますので、そういう会社は推薦できますが、万人に向くわけではないということです。一人ひとりに応じた会社選びの時代であり、少なくとも大きい会社に入社すれば大丈夫だろうという時代ではないということです。

また私たちは、長い期間働くとしたら、自分に合わない仕事を長期間続けるのは辛いことであり、そういう観点でも「自分に合う仕事」を見つけることは、これからますます重要になってきます。

「自分に合った仕事を見つける」ことと同じくらい「自分の居場所を確保する」ということは、「生き残り」という観点でも「幸福」という観点でも大切なことです。このことは、第5章で取り上げます。

「自分に合った仕事を見つける」という話と「自分の居場所を確保する」というのは、つながっています。自分に合った仕事であれば、自分の居場所と感じる可能性は高まります。しかし、合っていない仕事であったとしても、お金を稼ぐ場所は必要ですし、お金を稼ぐ、稼がないにかかわらず、人は自分が安心できる場所、あるいは必要とされる場所、承認される場所が必要です。それは金銭的な報酬を受ける場だけではなく、地域コミュニティやNPO、サークルやスクールという場も含まれます。

高度成長期の一時期、会社は安心できる場所でした。しかし会社は今、その役割を担おうと思っても保障できない時代になりました。競争環境が厳しくなり、個人の居場所になる役割を十分果たせる状況ではありません。

家庭も同様です。共働き世帯が増えている影響で、必ずしも家庭が安心できる場を提供するわけではなくなっていると、社会学者アリー・ホックシールドは指摘しています。また彼女は、評価されて有能であることを感じる職場よりも家庭という場所に居心地の悪さを感じている現象を明らかにしました。

職場でも家庭でも居場所を確保することは難しい時代になっており、そういう意味で、「自分の居場所を確保し続けること」は重要であると感じます。職場でも家庭でもないサードプレイスが必要な人もいると思われます。

職業人生は、就職した後が本番です。前述の、元広告代理店勤務の知人やホテルに就職した女性も、就職したときには合っていると思っていましたが、時間が経つにつれて、少しずつちぐはぐになっていきましたし、そもそも合っていなかったのかもしれません。就職の際には、組織のことも十分にわかりませんし、自分のこともよくわかっていなかったりするものです。それでも組織に適応していく人も多いですが、徐々に不適応を起こして、辞職していく人もいます。

新卒で就職した大学生の3割が3年で辞めるという話がよく知られているように、組織に適応するというのは、なかなか難しいとも言えます。マスコミはネガティブにそのことを報道しますが、必ずしも悲観する話ではないとも言えます。合わないと思った組織を離れていくことは、合わないにもかかわらず組織に居続けるよりは、より健全な行動と思えます。進化心理学者の平石界氏は、「離職をすることが一概に悪いとは思わない。自分に適さない環境だと思えば、次の場所へ移っていけるのも、人間の素晴らしい力だと考える[5]」と言います。

仮に、適応して、長く勤めることができたとしても、組織が個人に求めているものは、刻々と変化します。個人が組織に求めているものも変わっていきます。ずれ続けるギャップを埋めるということを日々行っていく必要があります。組織との力関係も変わってきます。個人にとって、今の仕事が合っていると思えなくても、そう簡単に辞められないという事情もあるでしょう。それでも自分の居場所を確保し続けなければなりません。生き残ることも大変です。

懸命にやらなければ生き残れません。一方で、伊藤氏や元広告代理店勤務の知人が言うように、懸命にやることに対する疑問もあります。アリストテレスではありませんが、人は、単に生きるだけでなく、よく生きたいと考えます。単に生き残るだけでなく、幸福に生きたいと願います。

前述したように、生き残りと幸福は、一致する部分と相反する部分があります。生き残るためには、長時間労働もいとわず頑張ることで報われるかもしれませんが、長時間労働が幸せに寄与するかどうかは別問題です。仕事から幸福感が得られるのも事実ですが、仕事以外からも幸福感を得ることができます。労働時間を短くし、仕事以外での生活で豊かに暮らそうと思うことはできます。しかしながら、現代社会において、短時間労働を選ぶことの不安定さはぬぐえません。一緒に働いている仲間から懸命に働かないやつと思われることもあるかもしれませんし、会社の業績が悪ければ解雇の対象になる危うさもあります。

無邪気に「新しい働き方」に依存するのは個人にとってリスクでもあります。

長い年月、高齢者になっても働くということ、あるいは技術進展のスピードがより早くなり、機械によって仕事が奪われるということを考えますと、セカンドキャリア、サードキャリアは当たり前の時代になっていきます。そのたびに居場所を確保し続ける必要があります。居場所を確保し続ける力が必要となってきます。雇われる力（エンプロイアビリティ）あるいは稼ぐ力と言ってもよいかもしれませんが、本書では、もう少し広義にとらえています。雇われる必要も稼ぐ必要もなくても、「社会の中で自分の居場所は必要だ」という意味でとらえています。

それは、会社という組織だけではなく、地域コミュニティやサークル活動、ボランティア組織などをイメージしています。社会の中で役割があるということ、他者から必要とされていること、あるいは人から承認されることをどう確保するのかということです。逆に、誰からも必要とされない、あるいは承認されないという状況は、もっとも避けたいことのひとつです。仕事を通して、「居場所を確保し続ける」力を身につけることが大切だと言えます。

さらに、「豊かに働いて欲しい」と願います。ここで、「豊かに」というのは、アリストテレスがいうところの「エウダイモニア」的な幸福を意味しています。「エウダイモニア」というのは第6章の中で触れますが、「よく生きること」、あるいは「やりがいのある人生を生きる」ということです。単に「幸せ（ハッピー）」というのと違う概念です。「働く」という文脈で考えますと、目的や方向感を持って、コントロールできることをコントロールし、コントロールできないことを受け入れ、そして自分を受け入れることで、生き残り、エウダイモニア的な幸福感に浸りながら、働いていけると考えています。そのことを「豊かに働く」と表現しています。

本書は、豊かに働くこと（第6章）、そしてその前提になる「働く」意味（第1章）、「働く」ことと「幸福」の関係性（第2章、第3章）、自分に合った仕事を見つけること（第4章）、居場所を確保し続けること（第5章）を扱っている本です。忙しければ必要な章だけを、願わくは、最後まで通読していただき、何かお役に立つことがあれば、幸いです。

なお、今後、「働く」環境を考えたとき、「働く」意味や「働く」ことそのものの概念が大きく変わると思われます。

「働く」環境がどのように変わるのか、ということがそのベースになると思いましたので、本書とは別に、ウェブサイトのコラム「『働く』ことについてのこれまでとこれから」[6]にまとめています。さらに、未来の「働く」を考えるためには、そもそも「働く」というのはどういうことだったのか、歴史も振り返ってみたくなります。昔の人々は何を目的にして働いていたのでしょうか。どのように働いていたのでしょうか。現代人と同様に、朝から晩まで懸命に働いていたのでしょうか。歴史を振り返ることによって、私たちが常識と思っていたことがそうでもなかったということがわかります。「働く」という概念は、社会によってつくられる産物です。社会が変われば、その概念は異なります。そこで、狩猟採集民や江戸時代、近代以降の労働について記しました。これらもウェブサイトのコラム「『働く』ことについてのこれまでとこれから」[7]に掲載していますので、興味に応じて読み進めていただければ幸いです。

注

（1）たとえば、厚生労働省「平成26年　就業形態の多様化に関する総合実態調査」。

（2）たとえば、“The Indeed Job Happiness Index 2016: Ranking the World for Employee Satisfaction”（http://blog.indeed.com/hiring-lab/indeed-job-happiness-index-2016/）。

（3）伊藤洋志氏「モンゴル武者修行ツアー、床張り特訓ＷＳ、遊撃農家といった『ナリワイ』を研究中です」（https://www.recruit-ms.co.jp/research/2030/opinion/detail22.html）。

（4）独立行政法人労働政策研究・研修機構「図12　専業主婦世帯と共働き世帯　１９８０年～２０１７年」（http://www.jil.go.jp/kokunai/statistics/timeseries/html/g0212.html）。

（5）リクルートマネジメントソリューションズ（２０１５）「3年で30％が離職することは、人類の大いなる力と見ることもできる」『RMS Message』vol. 39、12–14より。

（6）コラム「『働く』ことについてのこれまでとこれから」（https://www.recruit-ms.co.jp/issue/column）。

（7）コラム「『働く』ことについてのこれまでとこれから」（https://www.recruit-ms.co.jp/issue/column）。

1 自分にとっての「働く」意味をもう一歩深く考える

漁師とビジネスマン

世界的ベストセラー『アルケミスト―夢を旅した少年』の著者、パウロ・コエーリョは、自身のブログに、「漁師とビジネスマン」という小話を掲載しました。オリジナルは、ブラジルの古い話らしいですが、働く意味を考えさせられる話です。ブログ掲載後に、全世界で多くの人に引用され、日本でも紹介されています。以下、その小話です(1)。

昔、ブラジルの小さな村で、ひとりのビジネスマンが浜辺に腰を下ろしていた。ひとりのブラジル人漁師が小さな船に乗り、少しの量の魚を捕って岸に戻ってくるのが見えた。ビジネスマンは、感心して、その漁師に尋ねた。

「それだけの魚を捕るのに、どれぐらい時間がかかるんですか？」

「そんなに長い時間はかからないよ」と漁師はこたえた。

ビジネスマンは驚き、さらに漁師に質問をした。

「だったら、どうしてあなたはもっと長い時間海に出て、もっとたくさんの魚を捕らないいんですか？」

「これだけあれば、家族を養うのに十分だからだよ」

「残りの時間はいったい何をしてるんですか？」

「そうだね、私はいつも朝早くに起きて、それで漁に行って魚を何匹か釣るんだよ。その後は家に帰って子供たちと遊んで、午後には妻と一緒に昼寝をして、夕方には村の連中と酒を飲んでいるよ。夜通し、ギターを弾き歌い、踊るんだ」

それを聞き、ビジネマンはその漁師にアドバイスを始めた。

「私は経営管理の博士号を取得しています。私はあなたを成功へと導く手助けができますよ。あなたは、これからはもっと長い時間海にいて、できるだけたくさんの魚を捕ってくるべきです。それで十分なお金が貯まったら、いまより大きい船を購入できます。そうすれば、もっと多くの魚が捕れます。そして、そのうち、もっと多くの船が買えるようになります。その後は、会社を設立して、缶詰工場を作り、販売ルートを開拓することもできるでしょう。やがて、あなたはこの小さな漁村からサンパウロへと移り住み、大きな本社ビルを置いて、支店を管理できるでしょう」

「それで、その後は？」

ビジネスマンは腹を抱えて笑い、

「その後、あなたは王様のような暮らしができますよ。頃合いを見て株式上場すれば、あなたは大金持ちになるでしょう」

「それで、その後は？」

「そうすればもう忙しく働く必要はありません。引退をして小さな漁村に移り住んで、朝早くに漁に行って、少し魚を捕り、その後は家に帰って子供たちと遊び、気持ちいい午後には妻と一緒に昼寝をして、夕方には村の連中と酒を飲み、夜通しギターを弾き歌い、踊るのです」

それを聞いた漁師は怪訝《けげん》な顔してビジネスマンに言った。

「それは、私がいまやっていることと何が違うのか」

漁師とビジネスマン。漁師の言い分に納得しそうになります。

しかし、多くの人が、漁師のような働き方をしているわけでありません。私たちは、なぜ漁師のように働こうと思わないのでしょうか。あるいは、漁師のように働こうと思っていたとして、現実にはそうできない理由は何でしょうか。そこに働く目的が見え隠れします。私たちは、何のために働いているのでしょうか。

ビジネスマンの提案は、激しく働き、たくさんのお金を貯めて、ゆっくりとリタイアメント生活を満喫したらよいのではという提案です。この場合、働く目的は、たくさんのお金を貯めることです。それはそれで楽しそうですが、このビジネスマンは何のために生きていると言えるのでしょうか。

一方で、漁師の生活も楽しそうです。日々生きるのに必要な仕事を行い、空いた時間は遊ぶ。お金はないかもしれないが、困窮すれば、村の人たちが助けてくれそうです。ビジネスマンより長い期間、楽しい時間を過ごすわけですから、そういう働き方もありうると思えますが、やはり、この漁師は何のために生きていると言えるのだろうか、と考えてしまいます。そもそも、午前中だけ漁をして生活が成り立つのだろうかと疑問に思います。現実は、朝から晩まで漁をしても、生活が成り立つかどうかわからないということもありうるわけです。

この小話には、仕事は避けるべきものであり、子供たちと遊び、昼寝をし、村の連中と飲んで歌うことが大事であるという暗黙の前提があります。確かに、仕事は、大変であり、苦しいものであることも事実ですが、はたして本当にそうでしょうか。

ケインズの誤算

経済学者のジョン・メイナード・ケインズは、1930年に「孫の世代の経済的可能性」というエッセイを発表しました。同エッセイは、1928年にケンブリッジ大学の学生に向けて行った講演をまとめたものでした。そのエッセイの中で、ケインズは100年後の経済予測を行っています。「100年以内に、経済的な問題は解決する」と。

ここでの経済的な問題が解決されるということは、衣食住で悩まされ、健全なよい暮らしができないということから解放されるということです。つまり全世界の人が、生きていく上での最低限の富が満たされるということです。その際には、多くても1日3時間、週15時間働けば、経済的な問題はなくなるという主旨の予測も行いました。

しかしながら、労働時間の予測は、大きくはずれています。ケインズは、100年後、週15時間の労働時間になると予測していましたが、実際には、先進国の多くの人は週40時間以上働いています。大学者のケインズは何を見落としてしまったのでしょうか。

つまり、ケインズから見ると、十分に豊かになっているはずなのに、私たちは、なぜ長時間、働いてしまっているのでしょうか。どのくらい働くのが適切なのでしょうか。疑問がわいてきます。

ケインズ研究の第一人者であるロバート・スキデルスキーは共著『じゅうぶん豊かで、貧しい社会―理念なき資本主義の末路』の中で、ケインズの予測が外れた理由を3つ述べています。「働くのが楽しい」「働かざるを得ない」「もっともっと働きたい」という理由です。この3つを順に考えていきましょう。

働くのが楽しい

働くことは苦役であり、できれば避けたいと考えているのならば、最低限の生活コストが満たされると仕事はやめるだろうと思います。実際、ケインズの頃の労働は、肉体的に苛酷であり、単調な労働が多かったということに鑑みれば、生産性が上がれば労働時間は短くなると考えることにも合点がいきます。しかしながら、今日では、おもしろくてやりがいがある創造性に満ちた仕事も多く、「働くのが楽しい」から長時間働いてしまうということも考えられます。これはケインズの予測が外れた理由になりそうです。

確かに、働くことが苦役であれば、なるべく短い時間ですませたいと思います。しかし、働くことによって、自分を表現することができたり、成長することができたり、社会に貢献できたりするのであれば、必ずしも短時間労働がよいわけではありません。

働くことによって喜びをもたらされることは多いでしょう。お客様から「ありがとう」と感謝されると、働いてよかったと思えます。一緒に働く仲間から知的な刺激を受け、脳が活性化され、いろいろと学ぶことができます。自分なりに工夫することで成果を上げることができ、成果を上げれば上司や同僚から承認され、尊敬されます。成長実感も得られます。難しい仕事に挑戦心を掻き立てられ、寝食を忘れて一心不乱に働くこともあります。仕事によって、社会の一員として社会に貢献し、社会とつながっている感覚を持つこともできます。そのことが自分のアイデンティティになりえます。仕事は楽しい要素が満載です。

ここで「漁師とビジネスマン」の話に戻ります。

この小話では、漁師にとって、仕事をすることが面白いかどうかという視点が欠けていたことに気づきます。働かずに王様のような暮らしをするより、毎日仕事をすることが楽しければ、そちらのほうが幸せであるという視点です。ビジネスマンは、金持ちになったら忙しく働く必要はないと言っていますが、仕事そのものが面白ければ、働き続けてもよいわけです。労働は必ずしも悪ではありません。

私たちは、老後にのんびりするために生きているわけではありません（そのことを否定しているわけではありません）。お金を稼ぐために仕事をしているかもしれませんが、同時に、仕事には様々な魅力があります。

単純に仕事が楽しいという人は少なくありません。楽しさの源泉は、仕事そのものということもありますし、職場の仲間ということもあります。仕事を通じて自分らしさが発揮できれば、自己実現の手段としての仕事というのもあります。仕事によって成長するということも考えられます。昨日できなかったことが今日できるようになれば，それはそれでうれしいことです。

よい仕事をしていれば，顧客から「どうしても」と仕事を頼まれることもあります。自分の都合だけでは仕事を辞められません。仕事を通じて，社会に貢献していること，必要とされていることを実感することもあります。いずれにしても，仕事を行うことで，社会の一員として認められるという側面はあります。働く目的は多様であり，単純に稼ぐためだけに働いているわけではありません。

しかしながら，同じ仕事をしていても，楽しいと感じる人もいれば，楽しくないと感じる人もいます。個性の違いです。ただし，多くの人が面白くないと感じる仕事もあれば，多くの人が面白く感じる仕事があるのも事実です。

ハックマン（Hackman, J. R.）とオールダム（Oldham, G. R.）は，仕事の特性によって，人のやる気が大きく異なることに注目しました。どういう仕事であれば人は楽しく，やる気になるのか，研究を続け，モチベーションが上がる仕事の特性を導き出しました。次の5項目がその特性です。

① 技能多様性：多様な技術が使える
② 仕事の完結性：仕事が分断されておらず，意味のある単位である
③ 仕事の有意義性：仕事そのものに意味があると感じられる
④ 自律性：自分の工夫がいかせる

⑤フィードバック：仕事の結果がよかったのかよくなかったのかフィードバックがある

すべての人が、この5つがあることでモチベーションが上がるわけではありませんが、多くの人にあてはまることがその後の研究によって実証されています(2)。

漁師の仕事はどうでしょうか。多様な魚を捕るためには、多様な技術が必要です。仕事は分断されておらず、意味のある単位で完結しています。捕った魚は腹を満たすものであり、生きるのに必要な行為です。仕事の意味はわかりやすいと言えるでしょう。工夫の余地はあり、結果も一目瞭然です。5つの特性を満たしている漁師の仕事は、面白さ満載でしょう。ただし、肉体的な大変さや命を落とすリスク、十分に儲けることができないかもしれないという要素はあります。

漁業と同様、近世以前の主な仕事、つまり、狩猟採集や農業は、様々な技能を使い、仕事は分断されていない上に、仕事の意義はわかりやすく、工夫は活かせて、仕事の結果もわかりやすいということを考えると、やる気を高める特性を5つとも持っていると言えます。

いや、むしろ逆で、私たちはそのような仕事を何十万年も行ってきたことで、そういう仕事にやる気が高まるような心の構造を持っていると言うほうが正しいかもしれません。漁業や農業、狩猟採集の仕事は、肉体的にはしんどい仕事かもしれませんが、楽しめる要素を持っています。だからこそ、現代でも狩猟や釣り、菜園づくりが趣味になっている人がいるのではないでしょうか。

しかしながら、現代の多くの仕事は、分断されていたり、工夫の余地がなかったりして、やる気が上がる5つの要素すべてが含まれているわけではありません。必然的に、仕事はあまり面白いわけではないと言えますし、残念ながら、毎年、仕事の面白さが増しているという証拠があるわけではありません。

専門特化が進み、仕事全体のプロセスや目的が見えなくなって、仕事のやりがいが乏しくなっていることも事実です。手先の絶妙な力加減によって実現された多くの職人仕事は機械化されていきました。そのことによって、効率は上がったかもしれませんが、人間が行う仕事は、機械のセッティングや誰でもできるボタンを押すだけの作業など面白くない仕事に変わっていきました。

経済のサービス化に伴い、サービス産業での就業人口が増えた弊害もあります。先進国においては、外食産業、小売業、観光業、コールセンター、医療・看護・介護や家事などのパーソナルサービスなどで働く人の割合は増えています。これらの仕事は、肉体や頭脳だけではなく、感情にも負荷がかかる仕事です。ホックシールドはこれを感情労働と言います。

感情労働に従事すれば、お客様への気遣いは必須になります。お客様から「ありがとう」と感謝されて仕事の満足感は高まることはありますが、一方で、お客様の誤解や失念、あるいは気分によって、非常識な言い分やクレーム、要求を受けることもあります。尊厳を傷つけられても、自分の感情を押し殺し、お客様への対応を行っていかなければいけません。

感受性の鈍麻が起こり、仕事へのやりがいは喪失します。場合によってはメンタルヘルス疾患につながります。そのような感情労働の仕事は、経済がサービス化するにしたがって割合として増えており、そのことが日本社会全体での、仕事のやりがいの減衰につながっている要因のひとつとしても考えられます。

内閣府が行っている「国民生活選好度調査」では、「仕事のやりがい」が満たされている割合は、1980年代前半においては30％台でしたが、2005年には16・6％になっています。現実として、長期凋落傾向が続いています。[3]

スキデルスキーが言うひとつめの理由「働くのが楽しい」というのは、労働時間が減少しない理由の一部になるかもしれませんが、すべての人にあてはまることではありません。「仕事のやりがい」の長期凋落傾向という事実を考えると、理由として適切でないとも考えられます。

ということで、ふたつめの理由、人々は「働かざるを得ない」から働いているということを考えてみましょう。

働かないと生きていけない

ジャーナリストの鎌田慧氏は、1972年に自ら自動車工場の季節工になり、その体験を『自動車絶望工場　ある季節工の日記』に綴っています。高度成長期の自動車工場の製造現場で、どのように働き、何を感じていたのか、克明に描いています。

朝6時、ベルトコンベアが動き出す。その動きに合わせて、ピンをハンマーで打ち込む。ボルトとナットを合わせて、回して締める。様々な部品を組み立てていく。昼休みまで5時間、休めない。トイレもいけず、コーヒーを飲む時間も煙草を吸う暇もない。45分休憩して、14時15分まで、残業がなければ1日7

時間半、手足を動かし続け、同じ仕事を繰り返す。腰や足の骨がきしむ。ものすごい疲労感。疲れて、睡眠をとって翌日にそなえる。余暇を楽しむ余裕はない。会社は休めない。自分が休めば、仲間にしわ寄せがいく……。労働をしているときは、時間のことばかりを考える。昼休みまであと4時間、あと3時間。今日が終わるまで、あと2時間。今週が終わるまで、あと2日。任期満了まであと1カ月。

このような仕事を15歳から20年間続けて、何が残るだろうかと鎌田氏は考えます。この仕事によって得られる知識や熟練は、1分20秒で完結するだけの仕事であり、それ以外の知識や熟練や判断力は必要とされません。鎌田氏は、同書に、次のように記しています。

かれの人間性は、残業と睡眠時間を差し引いた、微々たる〝自由時間〟内で得られるごく限られた行動によってしか発展させ得ないだろう。みんなは自分の妻に、自分の労働についてどう話しているのだろうか。

労働は苦役化すればするほど、労働者が物体化すればするほど、その代償を物質にもとめるのだろうか。寮内の若い労働者のほとんどは、カラーテレビ、ステレオ、そして車を持ち、マイホームを建設することを夢みている。

経営者は生産台数を増やそうと試みます。生産台数を増やすためには、労働者の数を増やすか、ベルトコンベアを早めるか、労働時間を伸ばすしかありません。残業が増えると翌日の欠勤が増えます。事故も間労働し、生産を高め、給料を上げ、消費を増やし、日本全体が高度成長を味わいました。

しかし、労働者にとってみると、残業が増えれば、給料は増え、購買できるものが増えます。自分の限界を見きわめながら、残業を増やしていきます。皮肉なことに経営者と労働者の目的は一致します。長時間労働し、生産を高め、給料を上げ、消費を増やし、日本全体が高度成長を味わいました。

その後、日本経済は成熟し、労働時間は短くなってきていますが、さらに労働時間を減らしたくなるほど実質所得は伸びているわけではありません。それが原因かどうかはわかりませんが、労働時間はたいして減りません。1980年以降、多くの先進国で所得格差が広がりました。生産性は向上したものの、利得の大半が富裕層に流れ、それ以外の層が恩恵を受ける機会は十分にありませんでした。

「国民生活基礎調査の概況」によれば、日本における世帯当たりの平均所得は、1994年の664・2万円をピークに2013年には528・9万円となっています。所得が少ない高齢者世帯の割合が増えたことが一因ですが、それ以外の世帯でも、所得は長期的に漸減しています。

長時間働かなければ、前年と同じ額の収入を得ることもできません。スキデルスキーのふたつめの理由「働かざるを得ない」から労働時間は短くならないというのは成立しそうです。「漁師とビジネスマン」の話で言えば、午前中だけ働いても生活できるわけではなく、一日中働いて初めて生活できるという話です。

一方、各種調査を見た上で総じて言いますと、日本人の生活面での満足度は高く、十分に暮らしていけると感じています。

もう少し詳しく見てみましょう。生活ならびに収入の満足度に関して、長期間にわたって内閣府は「国民生活に関する世論調査」を行っています。2014年調査によると、食生活に対する満足度（「満足している」＋「まあ満足している」の合計）は86・4％、住生活は78・6％。一方で、所得・収入の満足度は44・7％、不満度（「不満だ」＋「やや不満だ」の合計）は54・1％。つまり、生活には満足しているが、所得に不満だという状況です。

同調査では、「収入と自由時間についての考え方」も聞いています。「収入と自由時間」に関して、約5割が「収入をもっと増やしたい」、4割弱が「自由時間をもっと増やしたい」とこたえています。自由時間を増やしたいという人の割合は、20年前に比べると、10ポイント程度増えていますが、収入を増やしたい人の割合のほうがまだまだ多いことも事実です。

また、同調査では、働く目的も扱っています。51・0％は「お金を得るため」。21・3％は「生きがいをみつけるため」。14・7％は「社会の一員として、務めを果たすため」。8・8％は「自分の才能や能力を発揮するため」です。その傾向は、この15年変化していません。

生活には満足しています。しかし、もっと稼ぎたいと思っており、お金を得るために働いています。「もっと稼ぎたい。だからもっと働きたい。ゆえに労働時間は減らない」という構図です。

ケインズの誤算は、このあたりにありそうです。

ケインズが考えている生活レベルと現代人が考えている生活レベルは違います。ケインズから現代人を見ると、生活をしていく上で十分に稼ぎ、物質的な欲望はすでに満たしているので、労働時間を削減して、自由時間を謳歌すればよいと思うでしょう。しかし現代人は、十分に暮らしていけるにもかかわらず、もっと収入を得たいと考えています。
その真相は何でしょう。

もっと働いて生活水準を高めたい

スキデルスキーは、満足することがない人間の欲望が「もっともっと働きたい」と駆り立てているのではないかと考えました。私たちは、物質的に豊かであっても、自分の持っているものだけでは満足できません。他者とつい比較してしまい、他者が持っているから自分も持ちたいと考えます。あるいは他者が持っていないからこそ欲しくなります。自己を表現するための消費、他人から承認されたい消費、あるいは見せびらかしの消費などもあるでしょう。ケインズの誤りは、豊かになればそれ以上望まなくなると考えたことであり、良識によって欲望が抑制されるだろうと予測したことにあると、スキデルスキーは言います。人の消費欲求は、強烈です。

漁師の場合はどうでしょう。その日に食べられるだけの魚を捕って、残った時間を遊んで暮らす。しかし、そういう暮らしでは、いい服は買えません。いい家には住めません。いいクルマに乗れません。外食はできません。子供にいい教育を受けさせることはできません。そういう「いい」生活を志向した途端、午前中に少しの魚を捕って午後はのんびりするという生活はできなくなります。

経済的に生活水準を高めたいと思えば、午前だけでなく、午後も働かないといけません。そして、その水準を少しずつ高めていきたいと欲します。欲にかられて、働く時間が長くなっていきます。田舎よりも都会のほうが、働く場所は豊富で、給料も高い。ゆえに田舎から都会に人は流れていきます。私たちは、漁師の生活がいいと言いながらも、もう少しリッチな生活をしたいとも思ってしまいます。それで幸せであればよいですが、そうでないこともありえます。金銭的には豊かでも、精神的には豊かでない生活に陥ってしまうということもしばしばあります。

イギリスの社会学者で日本の労働問題に詳しいロナルド・ドーアは、ケインズの予測に触れて、労働時間が減らなかったのは人間の欲望の限りない拡大としています。

生活水準が向上するにつれて、暮らし方の標準も上がり、以前には贅沢品だったものが基本的な必需品のカテゴリーに組み入れられるようになります。以前は限られた用途しかなかった電話やコンピュータのような機器も、多くの人が使うようになると便利さを増し、最後には、それらを持っていないことが、社会から「排除された」二流市民の指標になってしまうのです。

元米国労働長官だったロバート・ライシュは、ケインズの予測に対して、現在の経済の構造が私たちを忙しくさせているのだという見解を持っています。

私たちは消費者である一方で生産者です。買い手であり売り手でもあります。買い手の私たちは、よりよい製品やサービスを求めます。もし気に入らなければ他の製品やサービスにスイッチします。そのことで、買い手の私たちは、豊かな生活を享受することができます。しかし、買い手の要求が高度になればなるほど、売り手の私たちはその要求にこたえようとして忙しくなるという構造を持っています。

ジュリエット・ショアはその著書『働きすぎのアメリカ人―予期せぬ余暇の減少』の中で、働きすぎと浪費の悪循環をワーク・アンド・スペンド・サイクルと呼んでいます。消費するために昔よりも多く働き、働いて溜め込んだストレスを解消するために、消費するようになってしまっています。自分の周りもそのように動いていて、周りに合わせるように、あるいは周りよりも、よりよいものを競争するように消費していきます。回し車の中でクルクル回っているネズミのように、働いても働いても豊かにならないラットレースです。

日本の状況が、アメリカと同じかどうかは精査する必要があります。しかし、アメリカの話は、強欲な浪費家の話ではありません。普通に暮らしていて、少し美味しいものを食べたい、少しいい服を着たい、少し広い家に住みたい、子供たちにいい教育を受けさせたい、と普通に考えた結果です。日本でも同様の傾向は見られ、参考になります。

バンドワゴン効果による消費、すなわち、みんなが持っているから欲しくなるというタイプの消費という観点では、日本人もアメリカ人同様、集団圧力によって同調する傾向があり、周りの人がしているならば自分も、と思う傾向にあると考えられます。

ボストンコンサルティンググループは、定期的に世界消費者調査を行っています。各国2500名ほどが回答している調査ですが、面白いデータがあります。

「ショッピングは楽しいと思うか？」という質問に対して、アメリカ49％、日本55％が「はい」とこたえています。また、「買い物をすればするほど幸せな気分になれるか？」という質問に対して、アメリカ33％、日本37％が「はい」と回答しています。

「人が持っているから買う」あるいは「みせびらかしたいから買う」というよりは、「買うことが楽しい」「買うことで幸せな気分になる」という消費行動です。節約を重んじ、「もったいない」文化を私たち日本人は持っていると言われていますが、意外と根拠が弱いかもしれません。

消費をしたい。ゆえに「もっともっと働きたい」というのが、私たちが長時間労働をしてしまう、スキデルスキーが言う3つめの理由でした。多くの人にあてはまりそうですが、働いている理由は本当にそうでしょうか。生活水準を高めたいがために働いているのでしょうか。

そもそも、私たちは、午前中に魚を少し捕り、午後は遊ぶという生活を、何十年も行うことに耐えられるでしょうか。

お金が余っていても働くのか

仮に、一生楽に暮らせるだけのお金があったとしても、私たちは働き続けるでしょうか。

統計数理研究所の「日本人の国民性調査」には、「もし、一生楽に生活できるだけのお金がたまったとしたら、あなたはずっと働きますか、それとも働くのをやめますか?」という設問があります。過去40年の結果を見ると、6割以上の日本人が、十分なお金があったとしても働き続けるとこたえています。金銭だけが「働く」目的であれば、働くことはやめそうですが、過半数より多い日本人が働くとこたえています。なぜでしょう。

仕事の消極的な利点として、退屈な時間を潰すことができます。しかも、仕事をしている間はお金を使わなくてすみます。余暇に時間を潰そうと思えば、お金がかかることも多いでしょう。ドライブに行けばガソリン代も高速道路代もかかります。買い物に行けばつい服を買い、家具を買い、スポーツ用品を買ってしまいます。つい外食をしてしまいます。しかし、働いていれば、お金を使う機会はあまりありません。働くことで稼げる上に暇は潰れるし、節約もできます。

パスカルは、「人間にとって、完全な休息のうちにあり、情念もなく、仕事もなく、気ばらしもなく、集中することもなしでいるほど堪えがたいことはない」と述べています。人は仕事がない状態に堪えられないことを喝破しています。

イギリスを代表する思想家のバートランド・ラッセルも同様に、不幸の要因として、退屈を扱っています。仕事には退屈しのぎの効用があると言い切っています。「どんな退屈な仕事でさえ、たいていの人びとにとっては無為ほどには苦痛ではない。(中略)知的な金持ちの男たちは、まるで貧乏であるかのようにあくせく働き、一方で、金持ちの女たちは、たいていは、地を揺るがすほど重大なことだと固く信じて、無数のつまらぬことでいつも忙しくしている。仕事は、だから、何よりもまず、退屈の予防策として望ましいものだ」と。

ケインズも余暇に関する懸念を抱いていました。「人はみな長年にわたって、懸命に努力するようしつけられてきたのであり、楽しむようには育てられていない。とくに才能があるわけではない平凡な人間にとって、暇な時間をどう使うのか恐ろしい問題である」と。

現代の日本においても、暇は恐ろしい

通勤電車を見てみると、多くの人がスマホに熱中しています。少しの暇も我慢できないように見えます。この光景に慣れてきましたが、昔の人から見たら、異様な光景に見えるでしょう。

職場では、働くことを暇つぶしにしている人がいます。早帰りを奨励すると、「そんなに早く帰ってもやることはない」という声もあります。やることはあっても、お金がかかることも多いことを考えると、暇をつぶすために働くというのは選択肢になりえます。長寿になり、定年後の時間が長くなることを考えると、もっと多くの高齢者が暇つぶしで働くのではないかと予想されます。

「小人閑居して悪事をなす」ということわざがあるように、無職の人による犯罪は少なくありません。失業によって悪事をなさなければ収入がないとも言えるわけですが、働くことの効用は単にお金だけでは

ありません。規則正しい暮らしを営み、自制心を育て、社会に役に立っているという効力感を生み出します。働くのは面倒ですが、働かないのはそれ以上に面倒になる可能性もあります。そういう意味では、まったく働かないというのは難しく、適度に働くというのがよさそうに思えます。

SFの巨匠カート・ヴォネガットの処女作『プレイヤー・ピアノ』は、すべての生産手段が機械によって自動化され、すべての人間の運命はパンチ・カードで決定される社会を描いたものです。一部のエリートは機械の設計や運用に携わるものの、一般市民は機械化するほどのメリットがない仕事に就いているという設定になっています。一般市民は仕事をしているものの、自分が社会の役に立っているという実感が奪われています。

そういう社会は本当にやってくるでしょうか。

少し想像してみましょう。明日、ロボットがすべての仕事をできるようになったとします。何が起こるでしょうか。ロボットは、農業も工業も行います。しかも、休みなく行います。ロボットそのものの生産も修繕も自分で行うので、モノの値段は極限まで下がります。私たち人間は働く必要はなくなりますが、生きていくのに必要なモノはすべて手に入るという社会になります。働くことを忌み嫌ったアリストテレスが夢見た世界とも言えます。

そのような世界はにわかには想像できませんが、技術の発達スピードを考慮すると、数十年後に、そのような世界が訪れたとしても不思議ではありません。食うために働かなくてもよい世界ですし、人類が憧れた世界でもあります。

この思考実験から得られる示唆は何でしょうか。

私たちが生きるのに必要な財の生産に私たちの労働が必要ないのであれば、私たちの時間とエネルギーはあり余るということです。そうすると、私たちは、好きなことをして暮らしていけることになります。そうすると私たちは何をするでしょうか。

スポーツをし、美術を楽しみ、映画を見る。美味しい料理を食べ、旅に出る。本を読み、思索に耽る。レジャーランドに行き、恋愛をし、おしゃべりをする。誕生日プレゼントを買い、誕生日を祝う。子供を育て、算数を教える。

手近に手に入るもので、何かをつくり始める。折り紙かもしれませんし、工芸品のようなものもあるでしょう。あるいは、アクセサリーのようなものもあるでしょう。自分の手を使って何かをつくりたいという衝動にかられる人がいるでしょう。

あるいは、お年寄りに気遣い、お話をする。地域の人たちと話し合いをし、よりよい街づくりを行う。自分でも気づかないうちに政治を行っている人がいるでしょう。よりよいサービスを考え、実際にやってみる。そのサービスを享受している人から感謝される。そのような活動は、有償の場合もあれば、無償の場合もあるでしょう。それは現代の仕事と変わらないかもしれません。

ロボットがすべての仕事をできたとしても、私たちの多くは仕事のような行為をしてしまうのではないでしょうか。それを仕事と呼ぶのかどうかは別にして、私たちは、暇にしていることができません。何かを行う。もしかすると、その行為は、「遊び」にも見えるかもしれないし、「学び」にも見えるかもしれません。遊・学・働の境界はゆるやかになっていく可能性があります。

歴史に名を刻みたい

自動車工場で働いた鎌田氏は、その後、スタッズ・ターケルの『仕事！』に影響を受け、１９８６年に『日本人の仕事』を上梓しました。昭和の日本人の仕事百科です。自動車工場は、戦後の高度成長期を代表する仕事ですが、数多くある仕事のひとつでしかありません。『日本人の仕事』には、様々な仕事に従事する１４５人の話が掲載されています。多くの働く人のインタビューをされてきた鎌田氏の集大成のひとつと言えるでしょう。その時代において、働く人は何を考えて働いているのか生々しく語られています。単に仕事のことがつづられているだけではなく、一人の人生をあるがままに記録しています。仕事は人生の手段であり、大事なのは人生の感慨であるという鎌田氏の思うところが反映されています。しかしながら、やはり仕事の話が中心となっていることが意味するのは、自分の人生を語る上では、どうしても「働くこと」がはずせないということです。

たとえば、新聞の死亡記事では、故人が成し遂げた仕事が語られています。逆に、死亡記事で取り上げられる人は、仕事で成果を上げた人ということもありますが、私たちは、誰かを語る際には、どうしても成し遂げた仕事で語りがちであり、こと現代日本においては、人生を語る上で、仕事の話に偏重しがちであることを意識しておく必要があります。

多くの労働者のインタビューを行った鎌田氏は、同書の前書きで、働く動機について次のように語っています。

生まれ、はたらき、死ぬ。長くとも八十年の人生である。ひとはその人生の中で何かを遺したいと思う。それも仕事を通じて。有名になるとか、儲けたいということ以上に、自分の一生をどこかに刻みこみたい、というのが人間的な夢といえるかもしれない。

「歴史に名を刻みたい」というのが、食べることと同様、あるいはそれ以上に、私たちを働くことに駆り立てているものかもしれません。生活水準を高めたいという欲求はあるものの、一方で、自分が何者であるのかということを証明したいという欲求も、働く動機の大きなものとしてあるでしょう。

鎌田氏の本の中に、最高裁判所の建設工事に従事した出稼ぎ労働者の話が掲載されています。仕事そのものは、石を運ぶ仕事だったかもしれませんが、最高裁判所の工事に携わったことを彼は誇りにしていました。「あそこは簡単にはいれるところじゃない。よっぽど悪いことをしなくちゃ」と。「この仕事は、私がやったのだ」と息子や娘に自慢できることが、仕事をしていく動機として重要で、そのことは古今東西変わらないことかもしれません。

結局、「働く」意味とは何だろうか

ここまでの議論を踏まえながら、「働く」意味をまとめてみましょう。

なぜ働くのか。基本は食べるためです。稼がないと生きていけないからです。それが苦役であったとしても、食べるためには働かなければならない。

それでは、生きていくのに必要なお金が十分にあったとしたら、人は働かないでしょうか。

ケインズは、生きていくのに必要なお金が稼げるだけ人は働く、と見ていました。しかし、現実は違っていました。生きていくのに必要な分だけ働くのではなく、世界中の多くの人は、自分の衣食住を満たす以上に働いていました。ケインズ研究家のスキデルスキーのこたえは、「仕事が楽しい」からであり、「働かざるを得ない」からであり、「もっともっと働きたい」からでした。

多くの人にとって、３つの理由のどれかひとつが理由というよりも、それぞれの要素が働く理由として入り混じっています。

そう簡単に解雇にならないこと、解雇になっても次の仕事は見つかるような仕組みがあることはわかっているものの、解雇になるかもしれませんし、病気や他の事情で働けなくなる可能性はゼロではありません。だから、働けるときにたくさん働いておくという選択をします。「働かざるを得ない」のです。

また、「働くのは楽しい」のも事実です。厳密に言えば、働くことは、つまらないことや辛いことも多いですが、楽しいこともあります。だから続けられます。私たちの基本的な欲求は、仕事によって満たされます。自己実現につながる「達成」「成長」「創造」「成功」の欲求は、仕事を通じて、満たされる可能性があります。また社会的欲求である「名誉」「承認」「尊敬」「帰属」「感謝」「貢献」「評判」が満たされる可能性もあります。「歴史に名を刻みたい」という欲求もその中に含まれるでしょう。仕事以外の活動で、そのような欲求を満たすのは難しいと思われ、それゆえ、仕事にはまっていきます。

仕事によって得られる金銭によって、生活水準を高めることができます。やがて、生活水準を高めたいがゆえに、より働くようになっていきます。今よりも少しいい食べ物、いい住居、いい教育、いいクルマ、いい服、いい電化製品、そしてたまには旅行をしようと思うと、より長く働かなければいけません。そうすると家族と過ごす時間は少なくなり、余暇を満喫する時間もなくなり、働きすぎて体を壊すリスクも出てきてしまいます……。

しかし十分にお金があったとしても、人は働きます。日本人の半数以上の人が働くと言っています。働くことは、暇つぶしであるとともに、私たちに規則正しい生活を提供してくれますし、人格形成にも役立っているのです。

ここで最低限、確認しておきたいことは、「世の中には、単にお金のためだけに働いているわけではない人はたくさんいる」ということです。働いていることを誇りにし、楽しみにしています。自分が楽しく働けるように仕事を選んでいます。どのようにすれば楽しく働ける仕事を選べるのかという問題については、第4章で扱っていますし、選んだ仕事を楽しむためにどうすればよいのかということについては第5章以降で扱っています。

いずれにせよ、「働く」ことを楽しむためには、「働く」ことに対して、能動的に、主体的に関わっていく必要があります。

さて、自分に問いかけてみましょう。私は、なぜ「働く」のか。

お金のためというのは、ベースにあるとして、お金が十分にあっても働くでしょうか。働かないとしたときに、何を行うのでしょうか。仮に、お金が十分にあり、働かないで一生を終えるとしたら、自分の人生をどう総括するでしょうか。

就職する前、あるいは、就職した後、仕事がうまくいかなくなったときやキャリアの節目においては、なぜ働くのかということを考えるでしょう。その際には、せっかくですから、自分にとっての働く意味をもう一歩深く考えてみましょう。そして、言語化してみましょう。そのことがきっと働く原動力になることでしょう。

注

(1)「漁師とビジネスマン（原文)」(http://paulocoelhoblog.com/2015/09/04/the-fisherman-and-the-businessman/) を筆者訳。

(2) たとえば Loher, B. T., Noe, R. A., Moeller, N. L., & Fitzgerald, M. P. (1985). A meta-analysis of the relation of job characteristics to job satisfaction. *Journal of Applied Psychology, 70*(2), 280.

(3) 長期凋落傾向は、経済がサービス化しているだけでなく、日本経済そのものの成熟、停滞ということも考えられますし、非正規社員の増加も要因であると考えられますし、モノやサービスが豊富になり、やりがいに対する期待レベルが高まったとも考えられます。原因を特定するのは簡単ではありません。

2

「生き残る」ことと「幸福になる」こと

ボルチモア　午前3時

私の若い頃の話です。長時間働くことは、私にとって快感でした。

仕事そのものは面白かったし、働けば働くほど、成果は上がりました。熱中しているうちに時間はあっという間に過ぎ、食べる時間も寝る時間も惜しかった。長い時間、ヘロヘロになるまでに働くと、今日もよくやったという小さな達成感がありました。週末が近づくにつれ、体が痺れてきて、仕方なく、休日の午前はひたすら眠りましたが、午後には会社に向かっていました。

仕事イコール人生。人生イコール仕事の毎日。仕事のことだけを考え続けました。寝ていてもよいアイデアが浮かぶことがあり、忘れては困るので、枕元にメモを置いて寝ていました。

会社から長時間働くように強制されているわけではありませんでしたが、長時間働くことは奨励されていました。まだ、机の上には灰皿が置かれていて、スマートフォンはなくインターネットの普及率も一桁だった時代の話です。

2000年7月の深夜、出張先のアメリカのボルチモアのホテルで、突然、私はパニックに襲われました。

合弁会社設立に向けての交渉が出張の目的。前年の5月から始まった交渉は、10月の設立に向けて、最終局面に達していました。対立する問題点はいくつもありましたが、よりよい解決方法を互いに探っていく過程にあり、交渉自体は順調に進んでいました。

ただ、私の体調は最悪でした。現地に来てから4日間、まったく一睡もできず、そのことが引き金となり、パニック障害を起こしました。ホテルの部屋のベッドで横になったものの、今日も眠れないなと思っていたとき、今までに経験したことのない恐怖感にとらわれ、耳鳴りがして、胸が苦しくなり、動悸が激しくなりました。「何かにとり憑かれた」と感じ、部屋に居続けることができず、急いで衣服を整え、廊下に出て、エレベーターに飛び乗りました。ロビー階で降りましたが、ロビーにもフロントにも誰もおらず、とりあえず、ホテルの外に出ました。外も誰も歩いておらず、黄色の街灯の中を一人で歩いていました。歩き始めて5分ぐらいして、冷静さを少し取り戻しました。「ボルチモア、ダウンタウン、深夜3時。一人で歩くのは危険」と判断し、すぐに踵を返し、ホテルへ走って戻りました。久しぶりに走ったせいで、全身で体を揺さぶるように息をしていました。

「さっき襲った恐怖感が薄らいでいる」「頭が真っ白になるほどの恐怖感よりももっとしんどいことをす

れば、少なくとも恐怖感から逃れられる」と考え、地下にフィットネスルームがあったことを思いだし、地下へ急ぎました。幸運にも、フィットネスルームは24時間営業。ランニングマシンに乗り、ひたすら走りました。走っている間、思考は停止。空が白み始める5時すぎまで走りました。

フラフラになりながら、部屋に戻り、ベッドに倒れこみました。朝の光が少し差込んできていて、深夜の恐怖感は薄まりましたが、何かわからない黒くてドロドロとしたものに巻き込まれている感覚はそのままでした。数分おきに、心臓が締めつけられ、痛みを覚えました。

部屋との相性がよくないと考え、パッキングをして、すべての荷物を引きずり、6時にフロントへ行き、部屋を替えて欲しいと頼みました。すぐにはできないが昼には部屋を用意できる、とのことで、「サンキュー。荷物は預けるので、その部屋へこの荷物を入れておいてください」と頼み、再び、ホテルから外へ出ました。

清々しい夏の朝でした。海沿いの街路樹は、朝日に照らされて、幸せに満ちていました。深夜と違い、犬を連れて散歩をする人、ニュースペーパーを読んでいる人、通勤に急ぐ人がおり、車のラッシュも始まっていました。

その後、交渉の場に臨みましたが、耳鳴り、胸と心臓の痛みがあり、1時間も経たないうちに、自分が交渉に集中できていないことに気づきます。交渉相手に、体の不調を訴え、近くの精神科を紹介してもらいました。交渉の場は、同僚と顧問弁護士に任せました。

精神科のあるクリニックで、レントゲン、心電図の検査をしました。検査の結果を待っている間、気を紛らわすために、その辺にあったパンフレットを手に取ります。心の病気に悩まされている人が多いことを、そのときに初めて知ります。私と同じような症状の人の例もそこには書かれていました。私だけでないことを知り、安心しました。

検査結果に異常はありませんでした。精神的なものということで、精神安定剤と睡眠薬の処方箋を書いてもらい、近くの薬局で薬を買い、そのままホテルへ帰りました。朝とは違う部屋が用意されていました。精神安定剤と睡眠薬を飲むと安心して、ぐっすりと眠れました。

アメリカ滞在中は、日本に帰ればすぐに直るだろうと思っていました。しかし、その目算は大変甘いものでした……。

帰国後、駒沢の病院に行きました。医者から言われたのは、「ストレスによる不安神経症」ということでした。病気前と後では、見ている世界がまったく変わっていました。「色のない国に来てしまった」「開けてはならない扉を開けて、向こうの世界に入ってしまった」「玉手箱のふたを開けてしまった」という感覚です。

何よりも外界の刺激が苦痛でした。「空から何か降ってくるのではないか」と感じる日も多く、空を見ながら歩きました。地下鉄は、閉塞感が強くて、乗れませんでした。通勤ルートを変え、朝のラッシュ時を避けて、通勤しました。新聞は怖くて読めない。テレビもニュースは怖くて見られない。バラエティは何が面白いのかわからず、やはり見ることはできませんでした。

「うつ病ではないから、毎日、会社に行くように」と医者からは言われました。医者の言うことはその通りでした。発病直後の夏休み初日、どうしようもない無気力感が襲ってきました。10日あまりの夏休みをどう過ごそうかと考えただけで、憂鬱になりました。

何事にも無感動でした。昔の自分を懐かしみ、あの頃の心が取り戻せたらと何度も思いました。しかし、願っても叶わない。無感動、無気力が日常のベースになり、いいようもない圧迫感、恐怖感が毎日夕方に襲ってきました。

16時から18時には、仕事が入れられませんでした。その時間、ひたすら外を歩き、恐怖感が強いときには、走りました。走れば、さすがに恐怖感が遠のいていきます。

夜寝るのも怖かった。明日、朝日が昇らないのではないかと毎日本気で思っていました。隕石が落ちてくるのではないか、飛行機が落ちてくるのではないか、と怯えていました。常識と思われることを疑いました。組織の大改革をするには、そのマインドは必要ですが、日常生活を送るには、疲れます。食欲も落ち、体重も1カ月で10キロ減りました。

発病から数カ月後に声が出なくなりました。正確に言うと、のどの奥に、ゴルフボールが詰まっている感覚がして、大きな声が出せなくなりました。声が出ないと、ビジネスパーソンはつとまりません。一日中パソコンに向かって書き物をしている仕事だったらよいかもしれませんが、毎日、数回の会議があり、お客様の前でのプレゼンテーションや講演もあります。

何らかの手立てを講じなければならない。

会議ではほとんどしゃべらず、プレゼンテーションや講演は断りました。結果的には、ほとんど無口のビジネスパーソンになりました。それでも周りは動いていました。自分が無用のものに思えてきます。実際、無用でした。給料をいただいているのが申し訳ない気持ちでいっぱいになり、存在意義を自分自身に問う毎日が続きました。

生まれて初めて「死」を意識しました。その意識の仕方は奇妙でした。

無気力、無感動のときには、「生きていても仕方がない。死んでもいいかなぁ」と思う一方で、死ぬことに対する恐怖は尋常ではありませんでした。生に対する放棄と執着が交互にあらわれました。毎朝、家族の前で「死ぬのはやめよう」と声に出して言い、寝る前は「今日もよく頑張った」と声に出すようにしました。仕事は苦痛でも、きちんとすることにこだわりました。心の病でしたが、生理機能がきちんと動いていないことが原因だとわかっていました。生理機能を正常にさせるために、日光にあたりながら、緑の中を散歩することを日課にしました。

抗うつ剤を飲まなくてすむまでには1年半、気力が復活するまでには3年かかりました。さらに、新幹線に乗れるまでに5年、飛行機に乗れるまでに9年かかりました。30代後半から40代の働き盛りといわれる世代のビジネスパーソンにとって、長い治療期間でした。

病気になる前の仕事ぶりは、ワーカホリックそのものでした。早朝から深夜まで仕事を続け、土日も出社することが多く、毎月のようにアメリカへ出張に行っていました。会社から長時間労働を求められたわけではありません。いわゆるビジネスゲームにはまっていました。家庭をかえりみず、運動をすることもなく、仕事に没頭していました。ストレスを感じてはいませんでしたが、ストレスを自覚できないほど心理的に追い詰められていたのかもしれません。そのような状態に長い期間さらされて、生理機能が壊れたと思われます。代償は大きかったものの、得られるものもありました。今まで見えていなかったことが見えるようになりました。

病気が回復しつつある頃から、平穏な毎日に感謝するようになりました。

毎日、日が昇ることに感謝。朝、散歩をしながら、文字通り、世界が輝いていることを実感しました。ゆるやかに揺れるケヤキの細い葉の間からこぼれる光を楽しみ、四季折々の変化をいとおしく感じました。暑くても寒くても、気温の変化を喜び、季節ごとの匂いを堪能しました。雨の日は雨の日で、感謝。その音を楽しみ、木々の葉が雨で揺れ動くことを味わいました。自然には音がある。春になれば、あふれる花の間をミツバチが慌ただしく動き、カッコウが鳴き、メジロがさえずる。レイチェル・カーソンが『センス・オブ・ワンダー』で綴ったように、世界は驚きで満ちています。

図書館に行くと、たくさんの本があることに感激しました。一生かかっても読みきれない本があり、それを無料で借りられる世界に生まれていることに感謝。さらには、こんな自分に関わってくれる人に感謝。そして、動ける体を持っていることに感謝しました。

平穏な日常をありがたく思うとともに、病気をする前の自分が不遜であったことを恥じました。平穏な日常をありがたく思うようになれば、自然に、自分は周りに生かされていると思うようになります。周りの環境があるからこそ、自分は存在します。普通の人は、もっと若い頃から、そういうことを思うようになれると思いますが、自分はそこまで思っていませんでした。利己的で、自尊心に溢れていました。どんなことでもできると思っていました。

しかし、自分の無能ぶりを実感するにつれて、自分に自信がないという感覚を、嫌と言うほど思い知らされました。日々、びくびくして、自分がやっていることがこれでいいのかと周りにお伺いをたてている。そういう感覚です。

病気がほぼ治った頃、私のことをよく知っている知人から「病気になることなく、あのままだったら、今頃どうなっていたと思うか」と問われました。その場ではこたえを求められませんでしたが、その質問の意図は、あのまま傲慢な態度を続けていたら、大切な家族や友人を失っていただろうということだと思います。メンタルヘルス疾患という形でしたが、大切なものは何かと言うことを教えられ、人として成長するための必要な病気であったというふうにとらえることができるようになりました。

心が壊れてみて、心が平常に動くということがどういうことかわかります。

「人は楽観的にものを考える動物である」ということを日々感じました。

病気のときは、飛行機が落ちてくるのではないかとか、満員電車の中で隣の人が突然刺しはしないだろうかとか、猛スピードで走る電車に乗っているときに地震が起きて脱線しないだろうかということばかり考えていました。いわゆる杞憂です。

しかし、そのようなことが起きる確率は低いが、ゼロではない。ある意味、冷静でした。と同時に、いつも怯えていました。ゆっくり家で寝られないし、電車に乗っていてもビクビクしていなければいけません。しかし、人というものは悠然と寝られるし、電車にも乗れます。自分には災害は起きないと考えているのか、災害が起きてもそれは仕方ないと開き直っているのか。いずれにしても、楽観的にものを考えるようにできているということを実感しました。

つまり、人は生まれつき、楽観主義なのです。不幸なことは自分には起こらないと思いがちなのです。それはそれで、精神衛生上、素晴らしい特性です。そういうことを考えながら毎日を暮らしていました。

少し病気が治った頃、２００１年9月11日に、アメリカで同時多発テロが起こりました。毎日、飛行機が落ちてくることばかりを考えていた私にとって、テレビでの映像はデジャブでした。「周りの人は起きないって言ったけど、ほら、起こりうる」と。テロの影響で、少し回復した症状はふたたび悪化し、ビクビクして暮らす毎日がその後も続きました。

それから、こちらのほうがより重要ですが、「人は自然に意味づける動物である」ということを実感しました。仕事もそうですが、遊びでも、人は夢中になれるようにできています。いちいち、なぜそれをやるのか考えて行っているわけではありません。自然に動機づけられているし、意味づけを行っています。

人はいずれ死ぬ。どんなによいことをしても悪いことをしても死ぬ。楽しく過ごしても悲惨な目にあったとしても、やがて死ぬ。生きて死ぬだけなのに、生きている意味があるのだろうかと考えるのが合理的な思考かもしれません。子孫を残すことに意味があると言う人もいますが、その子孫も生きて死ぬだけですので、帰納的に、生きる意味はないのではと思います。実存の不安です。

しかし、普通は、そんなことを考えずに暮らしていけます。自動的に意味づけられるようにできていますし、日常的にはそこまで深く考えないですむようにできています。

治療のためにと運動を勧められていたので、強制的にゴルフをしました。棒を振って、球をなるべく遠くに飛ばし、穴に近づけ、入れて、なるべく少ない打数を競う。それって何か意味があることなのか。そう思いながらゴルフをやっていました。そのような状態でゴルフをやるのは楽しみではなく、苦行でした。治療だと思わない限り、続かない活動でした。

しかし、周りの人たちは、一打ごとに、一喜一憂しています。打数を減らすことに工夫し、努力をします。そのためには、ゴルフコースで頑張るだけでなく、事前に練習を行います。大きな鳥かごの中で、ひたすら球を打つ訓練をします。それを繰り返すと技術になっていきます。技術が磨かれると周りの観客を魅了するようになり、プロとして賞金がもらえるようになります。

プロにならないにしても、ゴルフを楽しむ人は、球を打つことを面白いと感じ、技術を磨いていくことに熱中し、ゲームを楽しんでいます。プロではないから、お金のためにやっているわけではありません。お金を払ってゴルフをやっています。意味づけは自然に、自動的に行われています。でなければ、棒を振って球を入れることに熱中できるはずがありません。

多くの子供は、自然にそのような活動を行っています。生きているのが楽しくてたまらないという表情を見せ、走り、踊り、笑いころげる。

イギリスの哲学者、オズワルド・ウォーコップは、人間活動の中で、真のよろこびをもたらすのは目的、効用、必要性、理由などと関係のない「それ自らのための活動」と述べています。心が正常に動けば、何かの目的があるわけではなくとも、活動そのものに夢中になれます。ゴルフだけではなく、スポーツを行っていれば、そのような感覚を味わうことができます。その感覚をゾーンに入っているというふうに表現する人もいます。学術的に「フロー」という概念を使ったほうがわかりやすいかもしれません。

「フロー」は、ハンガリー出身のアメリカの心理学者ミハイ・チクセントミハイが提唱した概念です。その概念は、「一つの活動に深く没入しているので他の何物も問題とならなくなる状態、その経験それ自体が非常に楽しいので、純粋にそれをするということのために多くの時間と労力を費やすような状態」と定義されています。

フロー体験は、熟達者だけの体験ではなく、韓国の老婦人、東京のティーンエイジャー、イタリアの農夫、シカゴの工場の労働者なども体験している活動です。その体験は、くつろいでいるときではなく、「困難ではあるが価値のある何かを達成しようとする自発的努力の過程で、身体と精神にまで働かせきっている時に生じる」ということです。

心が正常であれば、そのようなフロー体験を私たちは経験できるようにできています。それはお金で買うような経験ではないのですが、いくつかの条件が必要です。達成できる見通しがある課題に取り組み、明確な目標と直接的なフィードバックがあり、やっていることに集中できることなどです。その体験は、チェス、バスケットボール、長距離走、バイオリン、外科手術、スピーチなど多様な活動で報告されています。

当然、日常の仕事の中でも起こります。私自身が、病気のときに、周りの人の仕事ぶりを見て感じたことです。周りの人たちは、どう見ても、仕事を楽しんでいます。仕事に没頭しています。おそらく、面倒だなと思うことややりたくないなと思うときもあると思いますが、いつの間にか没頭して、企画を考え、資料をつくり、会議で発言をして、顧客と話をしています。同僚たちを観察していると、そう見えました。フローの状態に入っていました。

繰り返しますが、人は生きて、やがて死にます。そう考えると、生きている意味はないようにも思います。しかし、人は自動的に意味づけをしています。活動そのものを楽しむようにできています。心が健康であれば、よいように意味づけてくれます。それぞれの活動に自動的に楽しみを見つけ、夢中で行うようにできています。

精神状態が正常に戻るにつれて、そのことを実感するようになってきました。さっきの瞬間、時間を忘れて夢中で資料をつくっていたとか、友人との会話を楽しんでいたなとか、そういうふうに振り返ることができるようになってきます。日々、感謝し、運動し、仕事や遊びを含めて楽しいという感覚を大事にしながら生きていくと、精神状態は正常に戻り、正常な精神状態であるからこそ、日々の活動を楽しむことができるようになってきました。

同時に、治療の目的で意図的に、楽しめる活動を増やし、楽しめない活動を減らしていきました。ある意味、自己発見の連続でした。今日のあの活動を楽しめていたが、あの活動は楽しめていなかった。そのように内省すると、好きな活動と好きでない活動を区別できるようになります。あるいは、好きでない活動は必ず発生するものですが、そういう活動でも楽しめるようにするためにはどうすればよいのだろうかと考えます。そうすることを続けることで、病気をする前よりも、精神状態がよくなり、意味がないと思うことは少なくなっていきました。

過剰適応

10年近く続いたこの病気は、得るものも多い病気でしたが、できれば他の人には避けて欲しい経験ですし、私自身も二度と経験したくない出来事でした。医者の診断は、ストレスが原因ということでしたが、具体的に何がストレスになったのかわからなければ対処のしようがありません。長時間労働や頻繁な海外出張、運動不足がトリガーになったのは確かですが、長時間労働に駆り立てたものが何であったのかということを考えないと、抜本的な解決にならないというふうに考えました。

治った病気の真因を探すのは容易ではありませんし、最終的には仮説レベルを超えるものではないでしょう。どう解釈するのかという問題であるとも思えます。

しかしいろいろと調べていく中で、最もあてはまる解釈のひとつが、環境に対する「過剰適応」でした。

心理学の世界では、「過剰適応」は主に子供の頃あるいは思春期の問題として扱われます。たとえば石津憲一郎氏や安保英勇氏のように、「環境からの要求や期待に個人が完全に近いかたちで従おうとすることであり、内的な欲求を無理に抑制してでも、外的な期待や要求に応じようと努力すること」と定義している学者もいますが、簡単に言うと、環境に適応しすぎてしまうことです。

教師など大人の期待にこたえることに懸命で、自分の内的な欲求を押し殺してしまい、本音を隠してしまう状態です。周りからは、学校に馴染んでいるし、成績も優秀ですので、適応しているように見えます。しかし、いわゆる「よい子」過ぎるのです。自分の本音や感情を押し殺して、周囲からの期待で頑張ってしまい、よい成績をあげる。そのことを褒められて、また頑張ることを続ける。そうして過剰適応がひどくなってしまい、ある日、本当の自分と期待にこたえようとする自分の間のギャップが大きくなりすぎて破綻してしまうことが起きるのです。

会社員の場合は、滅私奉公して懸命に働くと「過剰適応」の症状になりそうですが、私の場合は、滅私奉公ではありませんでした。リクルートという会社は、滅私奉公を求めておらず、自律性を重んじる会社でした。

では、自分は何に対して過剰適応していたのでしょうか。

不確実な社会における「生き残り」に対して、過剰適応していたのではないかと考えられます。自分に対して、つねに過度な要求をし続け、自分の限界を超えることを意識していました。今までもできていたので、できないはずはないと過信をしていました。しんどくても弱音をはいてはいけない、何かを達成するためには並々ならぬ努力をしなければならない、という思いが強すぎたと言えます。また、どんな分野でも、できないということを容易には言わないし、そう思わないようにしていました。30代後半にさしかかり、無理がきかない身体になっていたというのもあったと思われます。

しかし、根本の要因は、不確実な時代への「生き残り」に対する過剰適応だったのではないかと考えられます。過剰に適応してしまっては、生き残ることも危ぶまれますが、周囲の人に支えられ、どうにか生き残ることができたというのが私の30代後半から40代にかけてのストーリーでした。

ただ、不確実性が増す中で、皮肉なことに「生き残る」ことは益々求められています。

ここで、言いたいのは、現代において「働く」という行為は、「生き残り」活動に偏りがちであるということです。私自身がメンタルヘルス疾患になったということもありますが、病気をした後、多くのビジネスパーソンの方と話をしました。彼らも、私と同様、「生き残り」活動に偏りがちであることがわかりました。

つまり、「生き残るために明日のことを心配する」、そのために「過去を反省して」「今日は人と競争して」「明日の準備をする」ということを繰り返しがちです。そうすると、小さい成功と幸福は得られますが、一時的なものです。でも、なんとか「勝っていきたい」「いいねと言われたい」ということを求めて、働く時間も長くなっていき、やがて体に変調をきたすということが起きています。

この連鎖を断つためには、「働く」という行為の中に、「幸福になる」ということを寄せてみる必要があります。働くことを通じて、「生き残る」ことと「幸福になる」ことを実現してみましょうということを言いたいのです。

「生き残る」ことと「幸福になる」こと

若い人に「働く」ことに関して、大切なことは何だと問われたとき、まずこたえるのは、「生き残る」ということです。さらに、単に生き残るだけではなく、「幸福になる」とこたえます。

しかしながら、「生き残る」ということと「幸福になる」ことは、共通するところもありますが、相反するところが少なくありません（図表2-1）。以下、それぞれを対比して、述べていきたいと思います。

まず、生き残るためには、目の前にある果実をむさぼるのではなく、明日のために備蓄をしておく必要があります。今日だけではなく明日を思い描き、未来に対して備えておかないといけません。今日の快楽を我慢し、明日のために準備や備蓄をしておく必要があります。肥満にならないように魅惑のドルチェを控えなければならないし、欲しいものを我慢して老後のために貯蓄が必要です。

実は、私たちは、そういう思考に慣れています。いい中学にいくために勉強し、いい大学に入学するために勉強し、いい会社に入って昇進するために学ぶ。そのために楽しいことも我慢します。遊びたいと思っている子供に、明日のために勉強したほうがいいと親は言います。自分の欲望を抑え、快楽におぼれることを律するように教育します。他者との関係は、「協力」志向ではなく、「競争」志向が支配的です。他者との競争で勝たないと受験も就職もうまくできないというのが現実です。

産業革命以降、様々な処世術はありますが、一貫して言われているのは「自制心」です。目の前の欲望に負けないで、自分を律することで、夢をかなえることができるという教えです。マックス・ヴェーバー

図表2-1　「生き残る」ことと「幸福になる」ことの対比

	「生き残る」	「幸福になる」
他者との関係	競争	協力
過去に対して	反省	満足
今日に対して	快楽を我慢	充実
未来に対して	リスクへの対処	希望、夢、目標
目的に対して	結果重視	プロセス重視
支配している感情	ネガティブ	ポジティブ
キャリア志向	外的キャリア	内的キャリア
ベースになる考え方	外部環境への適応	自分らしさの実現
主な思想的なバックボーン〔論者〕	自制心、資本主義（フランクリン、ヴェーバー、スマイルズ、福沢諭吉、ダックワース）	幸福論（アリストテレス、ラッセル、ヒルティ、アラン、ディーナー、カーネマン）

にまさに資本主義の精神と言わせた、ベンジャミン・フランクリンの十三徳目のひとつめの徳は、「節制」です。5つめが「節約」で6つめが「勤勉」です。自らを律することが大事だとフランクリンは再三にわたって述べています。

19世紀の世界的ベストセラーであるサミュエル・スマイルズの『自助論』、福沢諭吉の『学問のすゝめ』から近年GRITとして注目されているアンジェラ・ダックワースの『やり抜く力』に至るまで、自己啓発本の主題は、「自制心」です。現代社会においても、その教えは、一般論として、功を奏しているのは確かです。食うために働かなければいけないし、生きのびるためには自制しないといけません。

しかし、明日のために今日を我慢する人生が幸福かどうかは別問題です。節制しすぎて病気になっても仕方ありませんし、生き残るためだけに生きているというのも、人に勧めたいわけではありません。一方で、快楽をむさぼれとも言えません。どう考えればよいでしょう。

今は苦しいけれど、その先には何か素敵なことが待っている。だから頑張る。歯を食いしばって頑張る。そこに行くためには努力しないといけないと思ってしまう。努力をすればかなう。そのように言う人も多いですし、そういう生き方をしている人はたくさんいます。いかがでしょうか。

たとえばそこに高い山があります。山頂まで登れば、見える景色が違うと思って登ってみると、これまでに見たことがないような素晴らしい景色があり、大きな感動をもたらすことがあります。しかし、期待はずれということもあります。山頂にもかかわらず、木々が生い茂っていて、周辺の景色がまったく見えないということもあります。努力をして、よいこともあるし、努力の割には、そうでもないこともあるということです。

もう少し卑近な話で言うと、課長、部長、役員と出世していくと何かよいことがあるのではと思い、そのために頑張って働くということがあります。実際、そういう思いで頑張っている人はたくさんいます。昇進によって、お給料が上がるし、周りも一目置きます。要求される仕事のレベルも上がっていくので、成長する機会でもあります。一方で、出世によってよいこともありますが、そうでもないこともあります。責任範囲は増えますし、周りからのプレッシャーは高まります。自分でコントロールできない仕事も増えます。部下からの期待もあれば上司からの期待もあります。組織の一員としての言動にも気をつかわないといけないし、成果を上げなければいけません。部下に強く要望すると、部下からはパワハラだと言われます。部下の査定もしなければいけません。相性のよい部下だとよいですが、相性があまりよくない部下もいます。強く要望していきたいが、信頼感を壊す可能性もあり、要望がうまく伝えられないということは頻繁に起こります。あるいは、可愛がっていた部下が、突然、辞めると言い出すこともあります。

つまり、出世して管理職になるということは、醍醐味もあるが、楽しくないことも多いということです。

ある金融機関のトップの方にインタビューしたときに、「トップになったら、どんなに楽しいのかなと思って頑張ってきたけど、あまり面白いわけではない。今までの人生の中で、高校でラグビーしていたときが、最も面白かった」と真顔で言われました。ある種の真実です。たくさんの社長にお会いしていますが、社長になっても思ったような行動ができるわけではなく、経営の仕事がつまらないという人もたくさんいます。謙遜しておっしゃっている方もいるかもしれませんが、世間的に見て成功していると思っている方でも、幸福でない人も多いということです。

努力すれば楽しい世界が待っている。だから努力する。しかし、到達したところがそんなに幸福でないということであれば、努力する意味があるのだろうかと思ってしまいます。そもそも努力しても、理想のところにいける保証もありません。そうすると、努力することがますます虚しくなっていきます。

前述したように、明日のために生きるということは、私たちの習慣になっています。私たちは、何か達成しなければならない目標を設定し、それを実現するために行動しています。私たちの一日は、未来の目標に向けて調律されています。ゆえに、忙しくなると、今日のこの瞬間を味わう余裕がなくなることがよくあります。

第1章で紹介した「漁師とビジネスマン」の話は、漁師の生活をしたいのであれば、ビジネスマンの生活を捨てて、今すぐに漁師の生活をすればよいという話です。「目標とする生活があり、それを実現するため日々努力をする」というのが私たちの前提にありますが、「漁師とビジネスマン」の話は、「午前中だけ働き、午後は遊ぶ」という生活が目標であれば、その生活を実現するためには、別に努力が必要なわけではないということになります。「目標に向かって努力する」という前提をくつがえされると、私たちは思わず考え込んでしまいます。

いまこの瞬間を堪能し日々楽しく暮らすことは、快楽におぼれることを連想させます。そして、そのことは悪いことであると教えられています。童話の『アリとキリギリス』は、毎日遊んでばかりいると冬の時期には飢えてしまうので、毎日コツコツと仕事をして食糧を備蓄するのが偉いという教訓でした。

狩猟採集民の暮らしは、その日暮らしです。[1] モノを持つことは、移動する彼らにとって重荷になるので、必要以上のものを持ちません。自分で所有しなくても、食糧を始めとして、生活に必要なものは周りにあふれています。木の実を採集し小動物を狩猟すれば食糧になるし、石や木々や動物の皮などを使えば道具や衣服はつくれます。物質的欲求は充足しており、明日を煩うことはなく、明日のために生きる必要はありません。海から魚がいなくならない限り、漁師をしていれば、食うに困ることはありません。食うに困ることがなければ、明日を煩う必要がないのです。

狩猟採集民の生き残り戦略は、集団内と集団間での助け合いです。みなで食糧を狩猟、採集し、みなで分かち合う。集団内で飢えることがある場合には、他の集団に食糧を分け与えてもらう。というように、相互に助け合うことによって、飢えをしのいできました。明日のために何かを行うのではなく、他者と富を分かち合うことで生き残りました。横方向の生き残り戦略です。

やがて、農業を営むことを通じて、目の前の果実を我慢して働くことが来年の飢えをしのぐことにつながることを学びました。狩猟採集民の助け合いに見られる横方向の生き残り戦略に対して、未来に備えて準備する縦方向の生き残り戦略といえるでしょう。横方向と縦方向、この生き残り戦略によって、私たちは繁栄し、子孫を多く残しました。

その後、近代に入り、資本主義経済システムが発達すると、今日よりも明日のことを考えることが普通になってきました。フランクリンや二宮尊徳の思想とともに、貯金、利子、保険、配当、投資などの資本主義を支える仕組みでも、今日を我慢することによって、明日、富が得られることになっていきます。株主にリターンをしなければならず、そのために、毎年、会社も個人も成長することが求められるようになりました。なるべく早く、他者を出し抜くことも求められ、下手をすると、日々を味わう余裕もないシステムです。効率を重視し、時間を厳守し、競争しながら働くことが日常になりました。

明治時代、のんびり働く労働者をいかにしっかり働かせるか、当時の経営者は頭をかかえていました。そこで、たくさん働く者に報奨を与える。働かない者には罰を与える、ということを行うと同時に、勤勉が大事であるという教育を行いました(2)。

今日を生きるよりも、明日のことを考え、明日のために活動する。明日を煩い、明日の不安を打ち消すために、私たちは働き、計画的に貯蓄をする。明日のために学ぶ。小さいときから大人になるまで、そして大人になっても学び続ける。また老後のため、貯金をする。ちゃんと稼いでおかないと貯金ができないので、頑張って働くことになります。

私たちはこのように、いつの間にか、縦方向の生き残り戦略が主になり、隣の人を頼る横方向の生き残り戦略が不得意になってきました。ＮＨＫの「日本人の意識調査」によると、隣近所の人との望ましいと思われるつきあいのしかたに関する質問項目で、「なにかにつけ相談したり、たすけ合えるようなつきあい」を選択する率は、近年減少傾向にあることがわかっています（１９７３年の34・5％から２０１３年の18・１％）。

また頑張って働いたとしても、そう簡単に貯蓄ができるわけではありません。金融広報中央委員会の調査によれば、60代で１０００万円以上の貯金がある世帯は約半数です。一方で、ますます長生きになっているので、バブル経済崩壊以降、私たちの不安は増してきました。

明日を煩うことが少なくなれば、今日を生きることへの余裕ができることは事実です。生きているのはこの瞬間です。穏やかな気持ちで、静かに緑を眺め、木漏れ日の森を満喫する。海に落ちる大きな夕陽に心が奪われる。友人との語らい。小さなわが子とのかけっこ。幸福を感じるのは、明日ではなく、今日のこの瞬間です。私たちは、そのことを知っています。ゆえに、忙しい毎日の中で、そういう時間を大切にしようとしています。

一方で、明日のために今日準備してきたからこそ、私たちは生存しているのも事実です。今、この瞬間の快楽を我慢することで、肥満は防止できるし、チャンスは広がります。誘惑に負けずに、自制することができる人が社会的に成功しているという研究はたくさんあります。たとえば自制心の研究の第一人者である、ウォルター・ミッシェルは、自制心が高い子供は、大学進学適正試験の点数が高く、社会人になったときに肥満指数が低く、欲求不満やストレスにうまく対処できていることを明らかにしました。

このようなことを考えたとき、人に対して何とアドバイスするとよいでしょうか。明日のために辛抱しろというのも正しい。しかし、ややもすると、辛抱だけの人生になる可能性もあります。ゆえに、単に「明日に向けて準備をしておけ」と言うのではなく、「明日に向けての準備が今日の楽しみとつながるように」と言うことが正しいように思えます。「生き残る」ことと「幸福になる」ことの接合点です。

キャリアを偶然に任せるべきか

理想と思える目標や生活が、本当に自分にとって理想かどうかはわかりません。その目標を達成して達成感に浸り、仲間から賞賛を浴びるかもしれません。しかし実際に達成してしまうと、その目標や生活が、本当に自分にとって幸せに思えるのかどうかわかりません。また、仮に幸福感に浸ることができても、それが長続きするかどうかわかりません。そもそも、その目標が達成できるかどうかもわかりません。成功者は、「夢は叶う。努力しなさい」と言います。しかし、目標にもよりますが、実際に達成できる人は限られており、多くの人は挫折を味わうことになります。

さらに言えば、目標を決めて頑張っている最中に、目標とは違うけれども、魅力的なチャンスが思いがけず訪れるかもしれません。たまたま出会った人に感化されて、違う道を歩み始めるかもしれないし、思いもかけない人事異動があるかもしれません。最初、気乗りしなかった異動先の仕事をやっているうちに、気に入ってしまうということもありますし、お客様からみそめられて、お客様の会社に転職してしまうこともあります。偶然にキャリアが開けるという話です。

では、キャリアを偶然に任せていればよいのでしょうか。

散歩に出かけていって、富士山に登ってしまうということはありません。富士山に登ることを決め、計画し、準備をしなければ登れません。偶然では登れませんので、何らかの目標は決めたほうがよいということです。ただ、どういう目標をおけばよいのかということも悩むところでしょう。もちろん、富士山に登るというような大きな目標や何かの目的を特段持たないということは否定しませんし、富士山ではなくハイキングでよいのだという考え方は、大いに尊重したいところです。ただ、何らかの目的や目標を持つことは、大切なことであると思っており、そのことについては、第6章で触れていきます。

仮に、仕事において、あるいは人生において、何らかの目的や目標を持つことが大切だと思っていたとしても、何を目的にすればわからないということはよくあります。特に若いうちはそうです。そして、どのようにすれば目的や目標を持つことができるのかわからないということもよくあります。

人は「目的を持つ」という行為が不得意です。自分にとってのよい目的を設定することは、合理的に決められません。合理的に決められないという意味は、今後のキャリアに関して、すべての選択肢を検討し、その選択肢をひとつひとつ吟味することができないということです。選択肢は無限にありますし、ひとつの選択肢を吟味する評価基準も無限に考えられるからです。

リクルートでは、「おまえは何がやりたいのだ」といつも聞かれます。個人の意志、主体性を重視する文化です。やりたいことをやっているときが一番やる気が出るということがその言葉の前提としてあります。私自身も上司として、メンバーに対して、「何がやりたいのか」と聞いていました。しかし、みなが全員、やりたいことがあるわけではありません。やりたくないことははっきりしていますが、やりたいことは漠然としていることがよくあります。

漠然としていても、何かあるとすれば、とりあえず仮に決めることが大切です。真面目に考えても出てくるものではありません。やっていくうちに、これは違うということがわかりますし、漠然としたものが確信にかわることもあります。

そして、ある程度、確信できるのであれば、周りに宣言したほうがより目標に近づくと思われます。つまり、富士山に登りたいなら、富士山に登りたいということは宣言したほうがよいということです。「プランドハップンスタンス」理論を提唱したジョン・D・クランボルツ（Krumboltz, J. D.）は、来日した際の講演で「宝くじは、単に祈っていても当たらない。買わなければ当たらない」と言っていました。何かを実現するためには、祈るのではなく、行動するのだということです。


キャリアを拓くための行動に、資格をとるという方法があります。しかし、資格をとっただけでは、新しいキャリアを拓くことは難しいと思われます。数多くの資格を持っている人は、そのことを実感しているのではないでしょうか。

しかしながら、資格取得の効用はあります。

ひとつの効用として、同じような志を持った仲間との出会いがあります。彼らとネットワークを構築することで、その資格に関する仕事の情報がより多く手に入ります。

私自身、キャリアカウンセラーの資格であるＧＣＤＦの資格制度をつくったときに、そのことを実感しました。受講者同士が、仕事情報を持っていて、そのネットワークの中の口コミで、就職に成功した人がたくさんいました。また、資格取得のための勉強を行っているスクールから仕事情報が提供されることもあります。実際、ＧＣＤＦの養成と資格発行を支援するキャリアカウンセリング協会を設立した際には、キャリアカウンセリングの仕事情報を受講者に配信することを心がけました。

自分らしい仕事を手に入れるために、行動することによって、その実現に近づくことができます。散歩をしていて、偶然、富士山に登ることはありえませんが、富士山に登りたいんだよと言っていれば、こうすると登れるよと案内してくれる人が出てきます。あるいは、一緒に登ってくれる人も出てくるかもしれません。そのためには、「富士山に登りたいんだよ」と周りの人に意思表明していることが重要になってきます。

ただ、富士山に登っても、そこが面白いかどうかは別であるということは、先ほどから繰り返し述べているところです。富士山に登って初めて、そこが面白いかどうかわかります。登ってみなければわからない。もしかすると、登ってからの景色は、それまで思っていたものとまったく違うものであり、素敵な景色が展開されているかもしれません。登ってもいないのに、きっと面白くないんじゃないと思う必要もありません。

そこで、登っている過程を楽しめるということが大切になってきます。富士山に登るための道具を揃える過程を楽しむ。一緒に登ってくれそうな仲間との語らいを楽しむ。登るための筋力トレーニングを楽しむ。そして、富士山に登っている最中も楽しむ。途中の景色を楽しむ。目標に至るすべての過程を楽しむ心を持つことが、「明日の準備」と「今日の充実」を両立させるコツ、つまり、「生き残り」かつ「幸福になる」コツではないかと思われます。

「漁師とビジネスマン」の話をもとにワークショップを行うと、漁師を支持する人とビジネスマンを支持する人に分かれます。その分かれ方は、年齢層や属性によって、違います。そして面白いのは、ビジネスマンを支持する人の理由として、「プロセスを楽しむ」という話がでてくるところです。「結果は同じかもしれない。しかし、人生は結果を享受するものではなく、そのプロセスや経験を楽しむところではないかと思う」という話です。

多くの物語は、ヒーローが苦労して悪と戦って勝利し、メデタシメデタシという話です。桃太郎、スターウォーズ、半沢直樹……枚挙にいとまがありません。物語の醍醐味はあらすじではなく、プロセスとその詳細にあります。主人公の様々な葛藤や苦労にあります。人の人生も、一言で言えば、生きて死ぬだけですが、そう言いきるのは詮無い話です。生まれてから死ぬまでの山あり谷あり、一言で語れないところに、人生の醍醐味があります。

つまり、「働く」ことを通じて、「生き残る」ことと「幸せになる」ことを両立させるためには、今の仕事を存分に楽しみ、そのことが明日につながるように調律することです。その始点は、「自分に合う仕事を見つけること」と考えます。このことは、大切なことですので、第4章で扱いたいと思います。

未来に対する楽観と悲観

ポジティブな感情は、過去や現在だけではなく、未来に対するものもあります。楽観であり、希望です。一方その反対は、不安や憂鬱です。これまではよかったけれど、今後を考えると憂鬱になるという感情です。これから先、何もいいことはないと思えば、絶望的になります。そのような感情に引っ張られれば、ポジティブな気持ちになれません。

「なんとかなるさ」「そのうちいいことが起こる」とポジティブに考えることは、性格に起因しているところもあります。しかし、思考方法を変えることによって、楽観的なものの見方ができるようになります。

「悲観主義は気分によるものであり、楽観主義は意志のものである。(中略)だから、幸福とはすべて、意志と自己克服とによるものである」とフランスの哲学者アランは述べています。

マーティン・セリングマンは、楽観性は後天的に身につけられることを研究によって実証しました。意志によって楽観性は学習できるということです。

失敗したときに、その要因を「永続的なもの」ととらえれば、悲観的になります。たとえば試験で悪い点をとったときに、その要因を「永続的なもの」、つまり「頭が悪いからだ」ととらえれば、無力感につながり、その後、努力することを怠り、ますますよい点数はとれなくなり、より悲観的になります。一方で、要因を「永続的なもの」ではなく「一時的なもの」、つまり「たまたま努力をしていなかったのだ」

きます。

ととらえれば、次に向かうことができます。そこで努力し、いい点数をとることによって、人生をポジティブにとらえることができます。思考を変えることによって、能力を高め、人生を拓いていくことができます。

未来に対して悲観的に考える習慣を持っていれば、ネガティブな感情が増えます。ただ、何度も述べているように、未来を悲観的に考えることによって生き残ってきたことも事実です。今日の快楽におぼれず、明日のために食糧を備蓄し準備をすることによって、私たちの祖先は生き残ってきました。それは、現代でも通じる話です。

また経営をする上でも、悲観主義は役に立ちます。明日起こるリスクを想定し、備えることで、トラブルが起こったときでも乗り切ることができます。不良品による事故、毒物の混入や名簿の流出事件、あるいは台風や地震による災害、競合の台頭、技術の発達など、様々な方面から経営はリスクにさらされています。経営者は、もしものときに備えていないといけません。「なんとかなるだろう」という楽観主義では乗り切れません。

弁護士という職業も同様です。悲観主義は、役に立ちます。契約書をつくる際には、明日起こるすべてのリスクについて、できるかぎり網羅をして、そのリスクにどのように対処すればよいのかを考える弁護士が優秀な弁護士です。未来を悲観的に見ることが習慣になっているし、悲観的なものの見方は必要とされる能力です。

このように悲観主義は、生き残るために必要であり、仕事をする上でも役に立つものの見方です。悲観主義が役に立つ職業は、弁護士、経営者以外にも、コンサルタント、学者、エンジニア、ジャーナリストなどが挙げられます。知識労働の多くが、悲観的にものごとを考えるほうが成果を上げることができそうです。

しかしながら、悲観的にものごとを見ることが要因で、弁護士にうつが多いとセリグマンは著書『世界でひとつだけの幸せ―ポジティブ心理学が教えてくれる満ち足りた人生』の中で述べています。弁護士には、一般の労働者に比べて3・6倍のうつ病発症が見られるということです。

たしかに、悲観主義に浸ることによって、メンタルヘルス疾患にかかる可能性が高いというのも事実でしょう。そこでここでの教訓は、職業で使用する悲観主義を多用しないということです。あるいは、悲観主義を使用する頻度が高い職業に就いている人は、日常生活においては、あえて楽観的にものごとを見るようにしたほうがよいということです。日常においては、失敗したことを永続的、普遍的に思わず、よい出来事を永続的、普遍的に思うように心がけることです。アランが言うように、意志と自己克服によって、幸福をたぐりよせなさいということです。

外的キャリアと内的キャリア

「生き残り」と「幸福」の関係は、「外的キャリア」と「内的キャリア」の関係にも似た構造があります。社会的地位や職歴など、他者から見てわかるものが「外的キャリア」であり、やりがいや仕事満足など自分だけがわかっていることが「内的キャリア」と言われています。「外的キャリア」はわかりやすく、つい求めがちですが、「外的キャリア」を追求することが「内的キャリア」を充実させることには必ずしもつながりません。ただし、「外的キャリア」の上昇と「内的キャリア」の充実には、正の相関があることもわかっています。

その関係性は、年収と幸福感の関係にもつながっています。次章で詳しく触れますが、あるところまでは年収が上がれば幸福度も増すことがわかっています。しかし、その金額以上になれば、年収が高くても幸福度が増すわけではないことも明らかになっています。

また、ある程度年収が上がらないと幸福感は増さないのと同じように、ある程度、人から認められなければ、自分に自信を持つことができません。他者からの承認欲求は、そもそも人間が本来持っているものです。周りから認められなければ、生きていくのは苦しくなります。どうしても承認は欲しくなる。しかし、承認を求めすぎるがゆえに他者から求められる自分の役割を全うすることを優先してしまうと、息が詰まります。

私たちは報酬を求める心も持っています。その程度は、生まれつき、決まっています。与えられた報酬に対して、より敏感に反応するタイプなのか、鈍く反応するタイプなのかは、脳内ホルモンの分泌量に依存しています。その分泌量は、遺伝子レベルで決まっています(3)。

私たちは、仙人ではありません。他者からの承認を求め、目の前にある報酬に心が動きます。ただし、人によって、その強さが違います。他者からの承認をより求めるタイプなのか、そうでもないのか、目の前の報酬により心が動くタイプなのか、そうでもないのか。それはよいか悪いかではなく、大切なのは自分のタイプを知っておくことです。

　自分が承認や報酬をより求めるタイプであれば、それを満たすように動くタイプであるということを認識しておく必要があります。そして、承認や報酬を求めすぎないよう、制御するということも必要になってきます。そこまで含めて、自己理解することが必要です。そこまでの自己理解ができるには、相応の人生経験が必要になります。


「生き残る」ことと「幸福になる」ことを両立させるということは、「内的キャリア」を充実させながら「外的キャリア」を築いていくということだとも言えるでしょう。あるいは、今、この瞬間も充実しているし、未来も、楽しくなるよう切り拓いていけるということです。過去も現在も未来も幸福になるという言い方もできます。

　それはすなわち、意味が感じられ強みが活かせる仕事を見つけること、日々の仕事を楽しめること、自分の居場所があることと言えるでしょう。第4章「自分に合う仕事を見つけることをあきらめない」、第5章「自分の居場所を確保し続ける」では、具体的にその内容を述べていきます。それに加えて、「豊かな」気持ちで働くことができれば、よりよい職業人生を送れると思われます。第6章では「より豊かに働く」ことを扱います。

　ここでいう「豊かさ」とは、広義の「幸福」には含まれていますが、狭義の「幸福」とは少し違います。狭義の「幸福」は、満足、快適、快感、愉悦、恍惚、喜び、充実、誇り、承認、尊敬、達成、希望などポジティブな感情がどれだけ多いのかということによって、定義されています。それはそれで大事ですが、人生を豊かにするためには、悲しみ、憎しみ、怒り、哀れみ、苦しみ、妬み、不安、悔しさ、あきらめ、あるいはわびやさびなどの必ずしもポジティブではない感情も味わうことも大切であると思っています。人が持っている感情を味わいつくすということです。

そのような豊かさは、広義の「幸福」には含まれている、「エウダイモニア的幸福」に通じる概念であると思われます。「エウダイモニア」とは、アリストテレスが提唱した概念であり、「よく生きること」あるいは、「生きがいのある人生を生きていること」です。それは単に「幸せ（ハッピー）」とは違う概念です。

そして豊かに働くためには、「目的を持つこと」や「コントロールできないことを受容すること」や「ありのままの自分を受容すること」が必要だと思われます。詳しくは、第6章で議論していきます。

「生き残り」と「幸福」の両立の話をする前に、前提としての「幸福」についてもう少し話をしておく必要があると思いますので、次章では、「幸福」について、より掘り下げていきたいと思います。

注

（1）コラム『働く』ことについてのこれまでとこれから」（https://www.recruit-ms.co.jp/issue/column）参照。
（2）コラム『働く』ことについてのこれまでとこれから」（https://www.recruit-ms.co.jp/issue/column）参照。
（3）たとえば木島伸彦（2014）『クロニンジャーのパーソナリティ理論入門―自分を知り、自分をデザインする』北大路書房。

3 「働く」ことと「幸福になる」こと

日本国憲法第13条では、国民が幸福を追求する権利を認めています。トマス・ジェファソンによって起草された、アメリカの独立宣言の中での「幸福を追求する権利」の影響と言われています。不幸より幸福のほうがよいに決まっています。しかし、私たちは、日常生活で意識的に幸福を追い求めているでしょうか。

所属するコミュニティに受け入れられ、衣食住に不自由がなければ、あえて幸福を追い求める必要をあまり感じないかもしれません。そういう意味では、幸福は健康と似ています。日常的に健康を意識することは少ないですが、病気をして、健康を害したときに、健康状態をありがたいと感じます。同様に、不幸を感じたとき、幸福な状態をありがたいと思い、幸福でありたいと願います。

私たちは、必ずしも幸福になるために働いているわけでありませんが、「幸福には仕事が欠かせない」と多くの哲学者が言及しています。

たとえば、イギリスの哲学者、バートランド・ラッセルは、幸福を構成している要素に関して、「食と住、健康、愛情、仕事の上での成功、そして仲間から尊敬されることである。中には、親になることが絶対必要な人もいる。これらのものが欠けている場合は、例外的な人しか幸福になれない」と『幸福論』の中で述べています。ラッセルによれば、幸福には仕事が不可欠なのです。

しかし、ラッセルの言うことは現代でも通じるでしょうか。もし十分に富があり、働かなくても暮らしていけるとしたときに、私たちは働くのでしょうか。第1章で述べたことと相反するかもしれませんが、仮に働かなかったとしても幸せになれるのではないでしょうか。あるいは、働くことそのものは、思うほどよいものではなく、働くことがかえって不幸につながっているとも言えるのでしょうか。そういう疑問がふつふつと沸き起こります。

この章では、哲学者の幸福論をひもとき、幸福に関して、この数十年で盛んに行われるようになった科学的な研究に触れながら、「働くことを通じて、幸福になる」ということを考えてみたいと思います。

富は幸福をもたらすのか

お金持ちになりたいと思う人もいますが、日常的にはそれほど富を求めているわけではない人も少なくありません。しかしながら、知らない間に、つい富を求めている可能性もあります。

昔はなかったけれど、一度手に入れてしまうとそれなしには暮らしていけない商品やサービスは増えています。パソコン、スマートフォン、食洗機、洗濯乾燥機、コンビニエンスストア、eコマース、SN

S、アウトレットモール等々。なぜ、そのような商品やサービスが欲しくなるのでしょうか。経済学の父、アダム・スミス『道徳感情論』の言葉を借りてみましょう。

飽くことを知らぬ金銭欲や功名心、富や権力の追求、つまり卓越を追求する目的は何であるのか？　それは自然の必要物を満たすためなのか？　平凡きわまりない労働者の賃金には、それを満たす力がある。労働者に食料、衣服および住居と家族の快適さをもたらすのが賃金であることを、我々は知っている。（中略）あらゆる異なった身分に属する人間がすべてもっているたぐいの競争心は、いったいどこから生じるものであり、また、我々が自分の経済状態の改善と呼ぶ人間生活の重要な目的によって我々が提示する利益とは、いったい何のことであろうか？　観察されること、注目されること、共感、同情および是認をもって特別に留意されること、これが我々がそこから引き出すすべてである。我々の注意を引きつけるのは虚栄心であり、安楽や快楽ではない。

私たちは、独りで暮らしているわけではなく、社会の中で暮らしています。多かれ少なかれ、人の目を意識します。何らかのコミュニティに属し、その中で称賛されたい、認めてもらいたいと思いながら、暮らしています。富や地位が限られているとしたら、個人は競争して富や地位の獲得に動きます。その動機をスミスは、「虚栄心」と呼びました。ただ、個人の「虚栄心」による競争が社会の繁栄のエンジンになることは『国富論』で示した通りであり、必ずしも非難されるものではありません。

しかしながら、そのような競争を行う個人が幸福かどうかは別問題です。大きな富や高い地位を獲得すれば、幸せになるのでしょうか。あるいは競争に負けたら、不幸になるのでしょうか。スミスは、人間にとって幸福とは何だと考えたのでしょうか。

『国富論』とともにスミスの代表作である『道徳感情論』の中に、「貧乏人の息子」という物語がありま す。この物語からスミスの幸福に対する考え方がわかります。物語のあらすじは次の通りです。

ある貧乏人の息子は、裕福な人々の生活に憧れ、富と地位を獲得するために、彼の全生涯を捧げます。彼は勤勉に働きます。憎悪する人々にへつらいます。そしてついに富と地位を手に入れますが、それらは玩具のようなもので、あまり価値がないものであり、煩わしいものだと彼はわかってきます。人々からの称賛もなく、それを手に入れるために、不正、背信に手をそめ、他者から誹謗中傷を受け、彼自身の境遇は、貧乏であった親よりも不幸であることを知ります。

スミスは、人々は若い頃、富と地位の優雅さにひかれ、その獲得に自分の苦労や努力が値すると想像しがちであると論じています。しかし、実際には、富や地位がその努力に値しないどころか、熱心に追い求めることで、かえって不幸になることを説いています。

ではどうすれば幸福になるのでしょうか。

スミスは、幸福は「心の平安と喜びにある」と述べています。逆に不幸は、「過大評価」から生まれると考えました。貧困と富裕の間にある違いの過大評価が「強欲」につながり、個人的な地位と社会的な地位の違いの間の過大評価が「功名心」につながり、無名と名声の違いの間の過大評価が「虚栄心」につながり、不幸を招くとしました。富や地位を求めすぎることが心の平安を脅かし、幸福を遠ざけるのです。

しかし、富がない状態、つまり貧困状態がよいとは言っていません。彼は、貧困は悲惨であると考えています。ただし、単に必要なものが買えないということだけで、貧困が不幸だといっているわけではありません。貧困な状態の人たちを、周りの人が軽蔑し、無視します。そのことのほうが貧困そのものよりも人間にとってより辛い仕打ちであるとスミスは考えていました。

狩猟採集民や江戸時代の小作人のように、大多数が裕福でないとすれば、そんなに貧困を気にする必要がないということです。幸福に感じるかどうかは、比較の問題であり、格差の問題ということです。周りの人がみな貧しければ、それほど惨めな気持ちにならないということです。

これは18世紀のヨーロッパを観察したスミスの考えですが、現代でも通じる考えです。現代日本において、日本の多くの貧困者は飢餓で苦しむわけではないですから、アフリカの難民よりマシであると主張する人もいます。しかし、周囲の人から軽蔑され、無視されるということで、心理的なダメージを受けていることを軽視している発言です。

貧困は、必要なものが買えないという絶対値の問題もありますが、それよりも周りの人より貧乏でみすぼらしく、そのことで周囲の人から見下され、惨めな気持ちになることのほうが問題です。相対的な格差の問題です。そういう観点で、スミスは幸福には最低水準の収入が必要であり、人として尊厳を保つことが大事であると考えていました。

仕事がなければ幸福にはならない

スミスは、勤勉に働いて富を求めすぎることは不幸を招くが、最低限の収入がないことも悲惨であると考えました。そして、心を平安に保ち、適度に働くことが幸福へつながると考えましたが、他の哲学者はどう考えていたのでしょうか。

19世紀の哲学者カール・ヒルティの『幸福論』から少し引用しましょう。

大きな財産の所有と管理、あるいは大きな名誉や権力を伴う地位は、ほとんど絶対確実に、およそ幸福とは正反対の、心情の硬化を導くものである。（中略）仕事は、人間の幸福の一つの大きな要素である。いな、単なる陶酔でない本当の幸福感は、仕事なしには絶対に人間に与えられないという意味でなら、実は、その最大の要素でさえある。

ヒルティによれば、仕事をしなければ幸福になれないということです。人によっては、仕事をしなくても幸福になれる人もいるかもしれませんが、仕事を通じて、人から承認され、尊敬され、感謝され、仲間と交流ができ、知的好奇心が満たされ、自分ならではの表現ができるという観点で、仕事をすることで幸福を感じるのは確かであり、仕事は幸福になるための必要な要素であると言えます。

一方で、大きな財産や権力があることや名声があることをヒルティは否定しています。ヒルティ自身はスイスに住んでいましたが、そのスイスに休息にやってくる人の中に、富豪や著名人があまりにも多く、彼らが財産や名誉を有することに疲れているという事実から、そのような結論に至ったということです。アダム・スミスの主張に通じるものがあります。

ある一定以上の収入や財産や地位が幸福につながらないという問題については、のちほど幸福のパラドックスで扱いますが、富や地位を目標としないとしたときに、哲学者はどういう働き方を推奨していたのでしょうか。

ヒルティを再度、参照してみますと、ヒルティは仕事そのものを善きものとしてとらえていることがわかります。「人間の本性は働くようにできている」と考えています。

真の仕事ならどんなものであっても必ず、真面目にそれに没頭すれば間もなく興味がわいてくるという性質を持っている。ひとを幸福にするのは仕事の種類ではなく、創造と成功のよろこびである。この世の最大の不幸は、仕事を持たず、したがって一生の終わりにその成果を見ることのない生活である。それゆえ、この世には労働の権利というものがあり、また、なければならないわけだ。

仕事そのものを美化しているように見えますが、一方で、ヒルティは、人は怠惰であり、働きたくない欲求もあることを述べています。そのために、働くには強い動機が必要で、それは愛や責任といった感情であると言及しています。人は、自分個人のためにのみ働くのではなく、誰か人のためや、社会全体に貢

献するこ と、あるいは仕事仲間からの刺激が働く動機として大事であると論じています。
それでは、仕事の内容と幸福は関係するのでしょうか。

生まれつきの才能を活かすことが幸福につながる

人間として存在すること自体が苦しみであるととらえていたドイツの哲学者アルトゥール・ショーペンハウアーは、人生は困窮と苦痛に満ちており、たまたまそれらをのがれても、至るところに退屈が待ち受けていると考えていました。そのような厭世主義のショーペンハウアーですが、彼は、生まれつき与えられた才能を活かすことが幸福につながると考えていました。逆に、恵まれていない能力を求められる仕事に従事することが不幸を招くと論じています。

ショーペンハウアーは、アリストテレスの人生の三種類の財宝[1]を参考に、「人としてのあり方(人が本来、生まれつき有しているもの)」と「人の有するもの(所有物)」と「人の与える印象(他者からの印象)」の3つの次元に分けて、幸福を論じています。そして、幸福は「人としてのあり方(人が本来、生まれつき有していもの)」で決定すると考えました。

世界を貧弱で味気なくつまらないものと見るのか、豊かで味わい深いものと見るのかによって、幸福の感じ方は変わり、その感じ方は、そもそも個々人が生まれつき持っているものであるととらえていました。ゆえに、生まれつき与えられた才能を活かし、生き方や仕事を選ぶことに集中したほうがよいと述べています。また、「人の有するもの(財産)」や「人の与える印象(他者からの印象)」が幸福に寄与することはないと、ショーペンハウアーはその著書『幸福について―人生論』で言い切ります。

有り余る富は、われわれの幸福にはほとんど何の寄与するところもない。金持ちに不幸な思いをしている人が多いのはそのためである。なぜ不幸な思いをするかというと、本当の精神的な教養がなく、知識もなく、したがって精神的な仕事をなしうる基礎となるような何らかの客観的な興味を持ち合わせていないからだ。(中略) しかし何といっても、人としてのあり方のほうが、人の有するものに比して、われわれの幸福に寄与することが大であるにちがいない。それにもかかわらず人間は精神的な教養を積むよりも富を積むほうに千万倍の努力を捧げている。

スミス、ヒルティと同じように、ショーペンハウアーも富に対して懐疑的でした。そのことは18～19世紀のヨーロッパに特有であったものでしょうか。

ショーペンハウアーの記述からは、当時のヨーロッパでは、富を築くことと知識や教養を身につけることは別次元であったと思われます。一方で、現代であれば、富を築くためには、知識や教養が必要な場合も多いということを考慮する必要があるでしょう。また、生まれつき与えられた才能を活かす仕事をすることが幸福であるという視点は注目すべきことであり、アリストテレスと通じるところです。

アリストテレスは、人生の究極の目標を幸福とし、その状態をエウダイモニアと呼んでいました。エウダイモニアは、「よく生きる」ことであり、一時的な快楽や幸せな気分、あるいは娯楽に興じるのではなく、自分の長所を伸ばし、可能性を広げ、生来あるべき姿になることができる人生だと言っています。エウダイモニアに関しては、第6章であらためて言及していきます。

ここまででおわかりのように、著名な哲学者や思想家たちは、同じようなことを述べています。富や地位を求めすぎてはいけないということと、自分に合った仕事を選ぶようにということです。果たして、現代日本にどれほどあてはまるのでしょうか。

多くの日本人に、「富や地位を求めていますか」と尋ねたら、何とこたえるでしょうか。そうだと思っても「はい」と言わない人もいるでしょうし、多くの人は平穏につつがなく暮らしていければよいと考えているでしょう。将来が心配という観点で貯金が大事だと考え、そのために稼がないといけないとは思っているでしょう。いずれにせよ、何でも欲しがっているわけではないし、何かを購入する際には吟味を重ね、不必要なものは買わないようにしている人も多いでしょう。

しかし、前述したように、昔はなくても済ませていたにもかかわらず、今ではなくてはならないものが増えているようにも思えます。部屋にはエアコンがあるのは当然だし、家族一人ひとりに個室を与えたいし、インターネットやスマートフォンがない生活に戻るのは難しいでしょう。あるいは、ますます厳しくなるグローバル競争から取り残されないように、子供を塾に通わせ、英語を習わせ、とにかく大学に行かせるようにします。子供が仲間外れにされることを心配し、いい靴を買い、いい服を買います。友達がスマホを持っていれば、よほど自律した子供でない限り、スマホを持たないことにリスクを感じるでしょう。積極的に富を求めているわけではなく、防衛的な要素も多いと考えられます。

図表3-1　日本における幸福度の推移

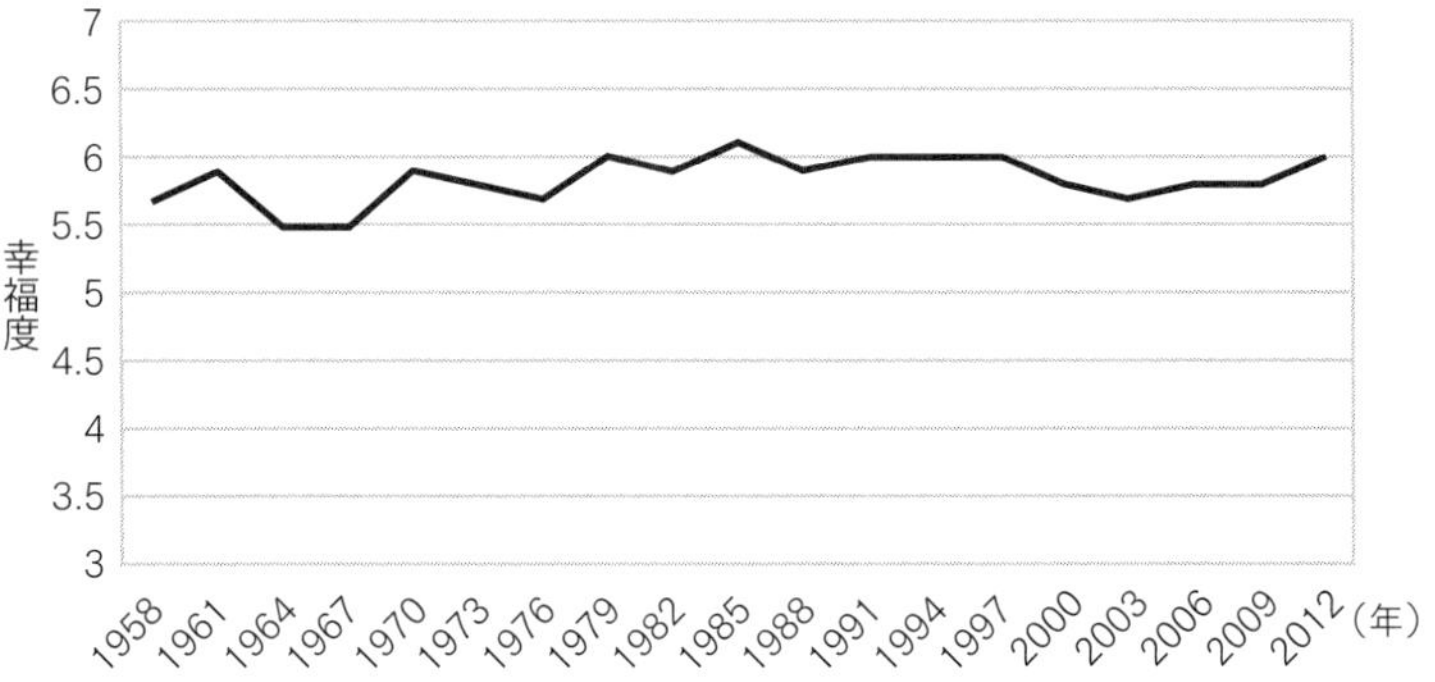

出所：World Database of Happiness（世界幸福データベース）のデータを用いて筆者作成
注：幸福度は次の質問ではかられている。「概して、あなたは、人生全般に対してどのくらい満足していますか。大変不満足（0）……（10）大変満足　から選んでください。」

幸福のパラドックス

さて、ここから、現代における幸福研究の話に言及していきます。

まずは、収入や富が幸福度にどのように影響を及ぼすか見てみましょう。

日本の一人当たりの実質GDPは、1960年代の100万円台から2010年の400万円台へと大幅に上昇しています。一方、内閣府「国民生活に関する世論調査」によれば日本人の生活満足度は、1964年の61・0%から緩やかに上昇していき、1995年には72・7%まで上昇したものの、それ以降おおむね60%と70%の間を上下しています。また、同期間の幸福度を見てみると、図表3-1でわかるように、50年間、ほぼ変わらない傾向があります。つまり、1960年代から2010年代にいたるまで、経済成長を実現し、一人当たりの実質GDPは4倍になりましたが、生活満足度も幸福度もほぼ変わらない

図表3-2　幸福度と一人当たりのＧＤＰ

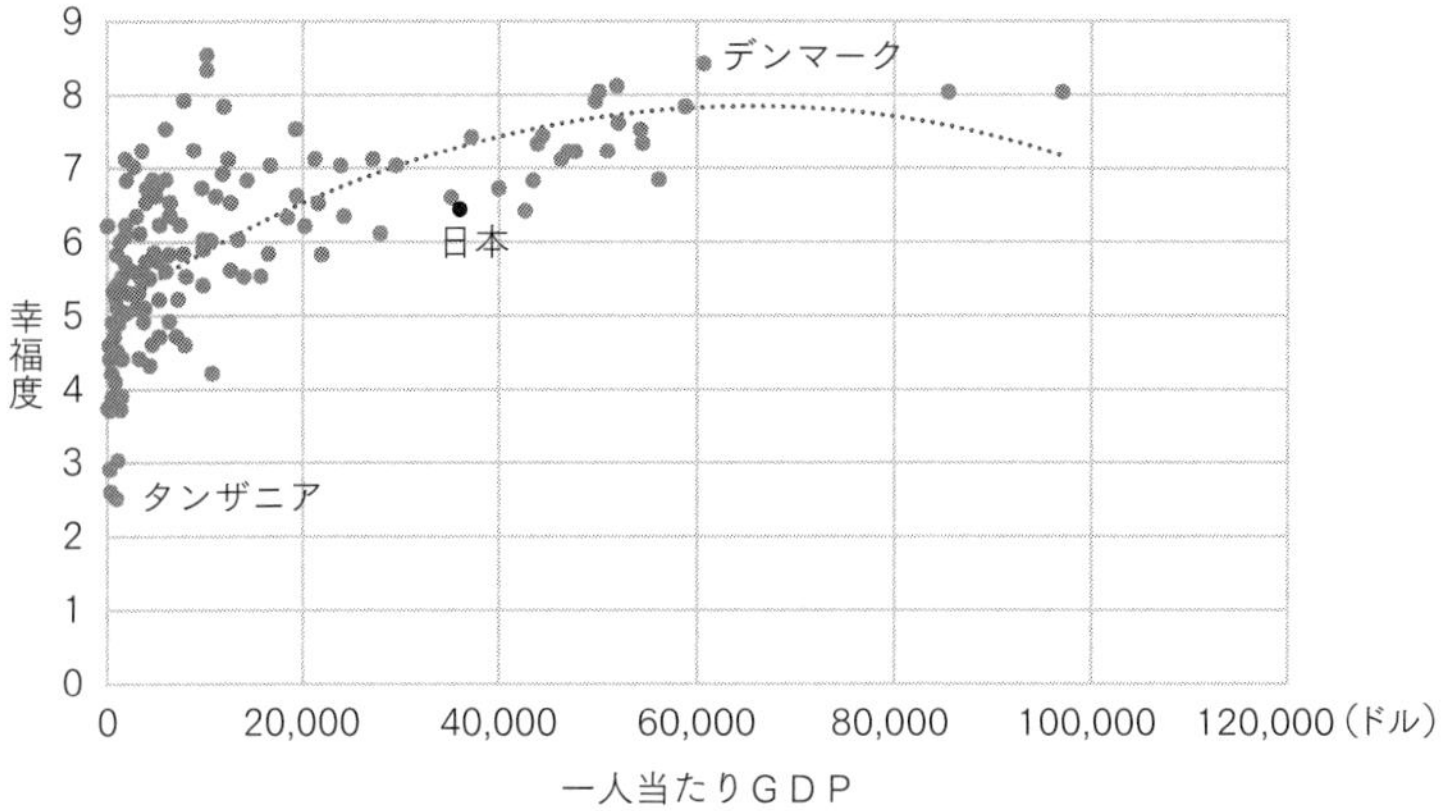

出所：World Database of Happiness（Average Happiness in 158 Nations 2005-2014）とＩＭＦ（一人当たり各国GDP〈2014年〉）の資料に基づき、筆者作成

傾向にあります。このような傾向は、欧米諸国でも起こっており、「幸福のパラドックス」あるいは発見した経済学者名を冠して、「イースタリン・パラドックス」として知られています。

このパラドックスが発見されたとき、経済学者の間では衝撃が走りました。なぜなら、経済成長すれば人々は幸福になるということが経済学の大前提であったからです。

一方で、図表3-2を見てわかるように、各国の一人当たりＧＤＰと幸福度は緩やかに相関しています。この調査は、World Database of Happiness（世界幸福データベース）とＩＭＦの一人当たりＧＤＰを用いて、両者の関係をあらわしたものです。ただ、一様に相関しているわけではなく、一人当たりＧＤＰが低い国は、幸福度が大きくばらついていますが、一人当たりＧＤＰが高い国は、ばらつきは小さくなっていることがわかります。

最も幸福度が低い国はタンザニアです。タンザニアの一人当たりGDPは955ドルで、最貧国のひとつです。一方で最も幸福度が高い国々は、デンマークやノルウェーなどの北欧の国々です。これらの国は、一人当たりGDPも高水準です。一人当たりGDPと幸福度は、ゆるやかに相関していることがわかります。

しかし2万ドルを超えたあたりから、一人当たりGDPが大きかったとしてもそう大きくは幸福度が上がるわけではないことを、図から読み取ることができます。

さて、ここまで述べてきたことで、衣食住が満たされ、最低限の生活が保障されてくると、幸福度は高位に安定してくるということが推測されます。しかし、それ以上の所得になると所得が上昇しても幸福度が上がるわけではなく、幸福度が飽和することが観察されます。幸福度の飽和は、「貧困は悲惨であるが、富を求めすぎても幸福にならない」と喝破したアダム・スミスが述べていたことと重なります。

幸福度の飽和の話は、日本における「幸福のパラドックス」につながる話でもあります。なぜ所得が上昇しても幸福度が上がるわけではないという「幸福のパラドックス」は起こるのでしょうか。

パラドックスの説明1：相対所得仮説

このパラドックスを説明する有力な仮説のひとつが「相対所得仮説」です。絶対的な所得ではなく、相対的に個人の所得が上がったかどうかということが幸福度に影響を与えるという仮説です。日本国民全体の所得が上がっても、一人ひとりの幸福度が上がらないことはこの仮説で説明できます。

私たちは、絶対的な所得が上がったとしても、周りの人々も一緒に上がったとしたら、あまり幸福に思わない本性を持っています。残念ながら、私たちは、つい人と比べてしまうのです。社会の中での位置づけを気にしており、その相対的関係の中で満足・不満足あるいは幸福・不幸を感じるようにできています。自分ができたとしてもそれ以上に周りができれば、自分の相対的な位置は落ちるわけです。アダム・スミスが述べたように、相対的な地位の低下は、軽蔑や無視の対象になりえます。そのことで惨めな思いをしてしまいます。

隣の人と比べて自分がどうかを気にしてしまう習性を持っていることに加えて、私たちの社会も、相対性を重視するようにできています。入学試験や採用試験では、絶対的な能力ではなく、その学校や会社を受けた人の中で、相対的に順位が高い人を合格にしていますし、組織のポストもその組織に属している人の中で、それに向いている人を選ぶわけですから、相対的な位置づけを気にするように世の中はできています。

「相対所得仮説」の検証は、これまで多く行われており、いずれの研究も誰と比べるのかというところに手間暇をかけています。そして自分と似た人と比べることで幸福感は左右されるのであって、自分とかけ離れた人との比較は、幸福感には影響を与えないということがわかっています。アメリカの一流プロバスケットボールプレイヤーの年収が大幅に上がったとしてもまったく気になりませんが、同期入社の年収や大学の同級生の年収は気になるのです。

このように相対所得仮説の検証は多くの研究者によって行われてきており、日本でも同様の研究は進められてきました。たとえば、経済学者の筒井義郎氏は、大阪大学COEアンケートを用いて、相対所得仮説の検証を行っています。アンケート調査で「あなたの周りの人の世帯所得は、だいたいいくらぐらいの人が多いと思いますか」という質問を行い、この回答を参照する所得とみなして、分析を行っています。

この研究によると、絶対所得の増加の影響は、参照所得の増加によって、半分は相殺されていることがわかりました。つまり、自分の所得が上がったとしても、自分が気になる人たちの所得も上がったとしたら、自分は、所得上昇の半分程度はうれしいが、半分程度はあまりうれしくないということです。

その他、小塩隆士氏など多くの研究でも、相対所得仮説は支持されています。筒井氏の調査同様、自分の所得が上がったとしても、自分が意識している周りの人たちの所得が上がったとしたら、あまり幸福に感じないということです。私たちは、周りの目を気にして、相対の中で生きているということであり、それは日本だけではなく、世界でも同様の傾向があるのです。

パラドックスの説明２：順応仮説

幸福のパラドックスを説明するもうひとつの仮説は、「順応仮説」です。環境が変化してもその環境にすぐに慣れてしまう性質を、他の動物と同様に人間は持っています。ゆえに、所得が増えて生活水準が上がったとしても、すぐにその状態に慣れ、元の幸福水準に戻ってしまうという仮説です。

リチャード・シュルツ（Schulz, R.）とスーザン・デッカー（Decker, S.）の研究によると、高額の宝くじが当たったとしても、あるいは下半身が麻痺するような大怪我をしたとしても、多くの場合、1年以内に、元の幸福水準に戻ることがわかっています。たとえば宝くじに当たれば、数カ月の間はぜいたくな生活を享受し、喜びあふれる生活を送るかもしれませんが、徐々にその生活に慣れてきます。新しい環境が基準になり、その生活を当然とみなすようになります。すると幸福を感じる度合いは元の基準に戻ってきます。

一方で、事故で下半身が麻痺した患者は、甚大な幸福の喪失を被ります。人生は終わったと思い、望んでいたものをあきらめなければならないことに落ち込みます。しかしながら、数カ月後には新しい環境に慣れ始めます。

悲惨な出来事があっても私たちは立ち直ることができ、収入が上がったとしてもそんなに幸福になれるわけではないということです。懸命に働き、富を貯め、ぜいたくな暮らしをしたとしても、幸福感はすぐに元の水準に戻ります。感覚が鈍磨していきます。少しも満足することはできません。蓄えた富は期待値を上げ、さらに富を蓄えることを志向し、激しく働くことになりますが、幸福感は高まりません。場合によっては、不幸になる可能性すらあります。懸命に働くことによって、家族や地域の人たちと交流する時間を失い、自分は健康を害することになるということもありうるのです。

年収と幸福度の関係

「相対所得仮説」と「順応仮説」によって、「幸福のパラドックス」はほぼ説明できるのですが、それではいったい何が幸福を決めるのでしょうか。

国ごとの一人当たりＧＤＰと幸福度は、衣食住が満たされない生活水準であれば相関が強く、一人当たりＧＤＰが高まれば幸福度は高まります。しかしながら、衣食住が満たされる生活レベルになると幸福度

図表３−３　世帯年収と幸福度の関係（2004 年）

	2 万ドル未満	2 万ドル以上 4 万 9999 ドル以下	5 万ドル以上 8 万 9999 ドル以下	9 万ドル以上
あまり幸せではない	17.2 %	13.0 %	7.7 %	5.3 %
まあまあ幸せ	60.5 %	56.8 %	50.3 %	51.8 %
非常に幸せ	22.2 %	30.2 %	41.9 %	42.9 %

出所：Kahneman, D., Krueger, A. B., Schkade, D., Schwarz, N., & Stone, A. A. (2006). Would you be happier if you were richer? A focusing illusion. *Science*, *312*(5782), 1908-1910.

は高いレベルに安定します。

欧米や日本などの先進国は、すでに高い生活レベルに安定しており、長い期間、一人当たりの実質所得が上がったとしても、幸福のレベルは変わらない状態です。では、一つの国の中で所得が多い人と少ない人とで幸福度は違うのでしょうか。

２００４年のダニエル・カーネマン（Kahneman, D.）らによるアメリカでの調査によると、世帯年収が2万ドル未満のグループでは17・2%の人が「あまり幸せではない」、60・5%の人が「まあまあ幸せ」、22・2%の人が「非常に幸せ」と回答しているのに対して、年収9万ドル以上では、5・3%の人が「あまり幸せではない」、51・8%の人が「まあまあ幸せ」、42・9%の人が「非常に幸せ」と回答しています。

この結果を見る限り、年収が上がると幸福度は増していると言えます。しかしながら、世帯年収と幸福度の関係をあらわす図表3-3を詳細に見てみると、幸福感には飽和点があることがわかります。5万ドル以上8万９９９９ドル以下のグループでは41・9%が「非常に幸せ」と回答しています。一方で9万ドル以上のグループでも42・9%が「非常に幸せ」と回答しています。つまり、5万ドル以上の年収になればそれほど幸福度の差はないと言うことができるでしょう。

先述の大阪大学の研究でも同様の結果が見られます。20歳から65歳までの全国４２２４人の調査で、世帯所得を世帯人員数で割った値、つまり世帯一人当たりの所得と幸福度の関係を見ると、世帯一人当たりの所得７００万円までは、所得が高くなるにつれて幸福度が高まりますが、７００万円を超えると幸福度は低下する傾向にありました。ここでも飽和点があることがわかります。

幸福感は遺伝で決まるのか

デイヴィッド・リッケン（Lykkenm, D.）とアウカ・テレガン（Tellegen, A.）は、一卵性双生児と二卵性双生児の研究を行い、幸福感は遺伝で決まることを発見しました。この発見は、驚愕でした。幸福の追求はアメリカの独立宣言でも日本国憲法でもうたわれており、誰もが幸福は追求できるわけです。ところが、幸福の感じ方は遺伝で決まっていると言われると、追求しても仕方がないと思ってしまいます。脳内ホルモンの分泌のバランスで幸福を感じる度合いは変わり、そのバランスは人によって違うということを考えれば、幸福感が遺伝によって決まるのは納得のいく話です。

実際、周囲を見わたせば、生まれながらに幸福を感じやすい人もいれば、なかなか感じにくい人もいることに気づきますし、そのことは薄々わかっていたことではありますが、不平等であることにやるせなさを感じる人もいるでしょう。

しかし、幸福感は１００％遺伝で決まるわけではないし、後天的に変えることもできます。幸福感が脳内ホルモンの分泌量に依存しているとすれば、分泌しやすい行動をとればよいということです。

ソニア・リュボミアスキーらの研究によると、幸福を決定する要因の50％は「遺伝による設定値」、10％は「環境」、そして残りの40％は「意図した行動」です。「遺伝」によって幸福感の50％を説明しているのですが、残り50％は後天的なものです。リュボミアスキーによると幸福感は、身長ではなく体重に似ていると述べています。生まれつき、努力しなくても理想の体重を維持できる人もいれば、懸命に努力しなければすぐに太ってしまう体質の人もいます。生まれつきの体質に文句を言っても始まらないし、変えられないことです。同様に、何があっても楽しくて、幸せに生きる人もいれば、何があったとしても幸福を感じることができずに暮らしている人もいます。それはそれで仕方がないことです。しかし繰り返しになりますが、遺伝で決まっているのは50％で残り50％はその後、後天的に変えられます。

そしてその残りの50％のうち、「環境」はわずか10％ということです。ここでいう環境とは、収入や健康や宗教などです。収入そのものは幸福度と相関はあるものの、それほど決定的な要因ではないことをあらためて確認できます。「幸福のパラドックス」で触れたことと連関します。残り40％は、「意図した行動」で幸福感を高めることができるのです。

「意図した行動」で幸福度を高めることができる

幸福感の40％を説明する「意図した行動」とは何でしょうか。

宝くじに当たるとか、昇給したというのは、「環境」の変化ですが、運動をすること、健康のために食べ物に気をつけること、読書をすることや日記をつけることというような行動が、「意図した行動」です。実際に行った行動だけではなく、思考や選択などの活動も含まれます。

リュボミアスキーらは、「環境」と「意図した行動」の違いを「順応」にあると考えました。宝くじや昇給のような「環境」の変化はすぐに慣れてしまいますが、「意図した行動」の変化に伴う幸福感は長続きするのではないかと考え、幸福感が長続きする人たちの行動や考え方のパターンを系統的に観察し、実験を行ってきました。その結果、次のような行動が幸福感を長続きさせることがわかりました。

家族や友人と長い時間を過ごし、その人間関係を大切にしている
誰に対しても感謝の気持ちを持っている
未来を考えるときにはいつも楽観的になるようにしている
同僚や通りすがりの人に親切にしている
人生の喜びを満喫し、現在に生きようとしている
定期的に運動をしている
生涯にわたる目標や夢に向かって、全力を傾けている
他人と比較せず、人を許している
ストレスに対処する方法を持っている

以上のような行動をすべて行う必要はなく、ライフスタイルや自分の強みに合うような行動を選択し

て、長続きさせることが肝要であると、リュボミアスキーは述べています。

リュボミアスキーの提言は、すべて科学的な根拠に基づいています。

たとえば「感謝」の気持ちをあらわすことは、幸福感につながることが科学的にわかっています。

私たちは、子供の頃から、他者から何か与えられたら、感謝の気持ちを持ち、感謝の念を言葉にして伝えることを教えられています。このことは、多くの哲学者や作家や道徳家が触れていることですし、洋の東西を問わずに語り継がれていることです。しかし、それが実際に幸福感につながっていることやなぜ幸福感につながるのかということが科学的に実証されてきたのは、この20年ほどの話です。

感謝そのものは、単純な感情であると思われますが、感謝の研究の第一人者である、ロバート・エモンズはそれを否定します。「私も調査を始めたときには、複雑さに欠ける感情と思えたのですが、すぐに、感謝とは人間の幸福感に重要な役割を果たす、込み入った感情である」ことに気づいたと言います。

感謝の気持ちを持つことが幸福度を高めるということは、いくつかの研究で実証されています。エモンズらは、研究の参加者をランダムに3つのグループに分け、調査を行いました。それぞれのグループには毎週1回、日記をつけてもらうようにしました。第一のグループには、先週自分が感謝したことを5つ、第二のグループには、先週わずらわしかったことを5つ、第三のグループには、先週起こった出来事を5つ書くように指示し、これを10週間続けました。

この研究結果は、興味深いものとなりました。感謝したことを書いたグループは、わずらわしかったことを書いたグループより、人生について楽観的に感じ、より満足感を持つようになりました。また、より健康にもなっていました。頭痛や咳や吐き気などの症状は改善し、運動する時間も増えたという結果でした。この研究は、感謝することが幸福につながる可能性を示唆しています。

感謝はひとつの態度ですが、それ以上のものが含まれています。

自分を喜ばせてくれるものを、他者や自然や運命など自分以外のヒトやモノやコトからもらったという感覚は、自分の人生を肯定し、価値があるものととらえて初めて持てる感覚です。不幸な出来事であっても、有意義な経験にとらえることができ、次に活かしていくことができます。

毎日、雨露をしのぐ家でぐっすり寝られることやひもじい思いをせずにごはんを食べられることのような、当たり前に起こっていることを当たり前だと思わないことは、環境への順応を防ぐことになります。「順応仮説」で見てきたように、よいことが起こっても、私たちはその環境にすぐに慣れてしまいます。しかし、自分に起こっている幸運にあらためて感謝することで、慣れてしまうことを避けることができます。感謝は順応防止の行動であり、生活を豊かにし、生きていることを豊かにする行動です。

先進国に住む私たちの多くは、先人の努力のおかげで、衣食住に困ることはなく、自由に移動することができ、暑さ寒さをしのぐことができます。世界の様々な情報は、瞬時に検索でき、誰とでも電話やインターネットを通して会話することができます。そういう社会に感謝する気持ちを持つことで、「順応」を避けることができ、幸福感を保つことができます。

さらに、感謝の気持ちを持つことによって、謙虚さを持つことができ、足るを知ることができます。他者やこれまでの人生や自然によって自分は生かされているわけであり、もうすでに十分持っているという感覚を持つことができれば、むやみやたらに富や地位を求めることを避けることができます。

また、友人や知人に対して感謝の気持ちを持つことで、友人や知人によりよい態度で接することができるようになり、そうなると、友人や知人からもまた大事に扱われるようになり、友人や知人も多くなります。そして、また感謝の念を持つというポジティブ・ループをつくることができます。

加えて、感謝の気持ちを持つことで、人と比較して、不公平と感じることや羨むことが少なくなり、そのような心持ちであれば、劣等感を持つことはなく、周りに踊らされることも少なくなり、穏やかで平静な日々を暮らせるようになります。

「感謝」という単純に見える態度の裏には、複雑ですが幸福感につながる大事な要素がつまっています。そのことを生まれながらにできる人もいますが、多くは後天的に意識することによって得ることができます。そういうことを先人たちはわかっており、多くの哲学者、宗教家、道徳家は「感謝の心を持ちなさい」と説いていたということです。

なお、「感謝すること」と同様、「楽観的に考える」「親切にする」「定期的に運動をする」「人と比較をしない」などの「意図した行動」によっても、幸福度を高めることができます。本書での詳しい説明ははぶきますが、これらの行動も科学的に実証されています。

生まれつき、幸福を感じにくく、どうしても世の中を斜めに見る人やうつ状態から抜け出せない人にとっては、「意図した行動」は福音ではないでしょうか。実際、うつ病の治療としての認知療法という治療法は、自分が持っている思考の偏りに気づき、楽しい行動を少しずつでも行うことを奨励しています。

世の中に対する見方を変え、小さい行動を継続することで、幸福感を高めるということです。

働くことが幸福をもたらすのか

さて、この章の最初の話に戻ります。幸福という観点で考えたら、働くことは必須であると哲学者は述べていましたが、はたして本当にそうでしょうか。

生きるためには衣食住を満たすだけの収入が必要で、低収入の場合は収入が上がれば幸福度も増します。そういう意味では、衣食住が満たされるまでは、仕事が必要であり、仕事をして収入が上がれば、幸福度が増すという構造になっています。問題はそれ以上に働くときです。懸命に働けば、収入は増し、富が増える可能性は高まりますが、幸福度が増すわけではないのは前述の通りです。また、増えても増えても欲しくなるのが富です。衣食住を満たしているにもかかわらず、富を蓄積すれば幸せになれる、昇進すれば幸せになれると思っているとしたら、「快楽のトレッドミル」に乗っており、頑張っても前に進めません。

もっともっと富を得たい。昇進したい。成功したい。しかし、成功しても幸せになるわけではないということを知っておいたほうがよいでしょう。成功する過程で、家族や知人をないがしろにしたり、傲慢に振る舞ったりしたおかげで、親しい人が離れていき、信頼できる人が周りにおらず、むしろ不幸になることもあります。そういう人生もあり、そういう生き方を選ぶことは否定しません。ただ、そのようなトレッドミルに乗っているのではと疑っているのであれば、このトレッドミルに乗って何をしたいのか、それが自分にとってベストな方法なのか、自問したほうがよいかもしれません。

幸福度は、概して幸福であるか、あるいは人生に満足しているかという質問によって、測定しています。私たちは、そのような質問に対して、どのようにこたえるでしょうか。こたえるためには、数えきれない体験を思い起こし、回顧し、吟味し、ひとつの数値にまとめ上げる必要があります。なんだかんだ言っても満足しているとか幸福であるという具合にこたえます。多少、そのときの気分で左右されますが、そのようにこたえます。そうすると、前提としては、人は様々な体験をひとつの数値にまとめ上げる能力があるということになります。また、過去の体験を回顧する場合、バイアスがかかる可能性もあります。思い出が美化される、あるいは嫌な体験だけを誇張して覚えている可能性もあります。

そのような測定にどれだけ信頼がおけるだろうかという批判に対し、記憶が鮮明なうちにその経験が幸福であったかどうか質問する経験抽出法という測定方法がダニエル・カーネマンによって考案されました。

カーネマンは、ある一日の諸活動がどれだけ幸福度に影響を与えたのか、経験抽出法を用いて、測定を行いました。実験に参加した人は、テキサス州の働く女性909人で、平均年齢は38歳、平均世帯収入は5万4700ドルでした。図表3-4がその結果です。夕食やエクササイズのような活動に対して、幸福、疲労、あたたかさ、楽しさ、心配などの度合いをどのくらい感じたか質問しています。最も感じなかった度合いを0とし、最も感じた度合いを6としています。結果の数値は、3つのポジティブな感情（楽しさ、あたたかさ、幸福）の平均から5つのネガティブな感情（イライラ、抑うつ、怒り、煩わしさ、非難）の平均を引いた数字です。

この調査からわかったことは、人は概ね幸せな気持ちで日々過ごしているということです。数字は、ポジティブな感情の平均からネガティブな感情の平均を引いた値をあらわすわけですから、数字がプラスであれば、ポジティブな感情がまさっているということです。図表3-4を見ると、すべての活動で数字がプラスです。ということは、すべての活動でポジティブな感情がまさっているということになります。つまり、この研究では総じて、楽しく幸せな毎日を送っているということになります。

しかし、その中において、仕事や通勤など仕事に関連する活動は、楽しさや幸福度を高める度合いは低く、私たちを落ち込ませ、煩わしく、イライラさせられる度合いが高いことがわかります。つまり、仕事は他の活動と比べるとあまり面白くないということです。マイナスではないので、辛くて仕方ないというわけではないですが、ある種の責任があり稼がないといけないから仕事に行っているものの、日曜日の夕方からなんとなく憂鬱になってきて月曜日を迎えるときの感情が浮かび上がります。

仕事は大変なのです。難しいプロジェクトを担当すれば、楽しさもありますが、ストレスや煩わしさも同時についてきま

図表3-4　日常の活動と幸福度

活動	幸福度
親密な関係	4.74
仕事の後のつき合い	4.12
夕食	3.96
気晴らし	3.91
ランチ	3.91
エクササイズ	3.82
祈祷	3.76
仕事中のつき合い	3.75
テレビを観る	3.62
家で電話をする	3.49
昼寝	3.27
料理	3.24
買い物	3.21
家でコンピュータを扱う	3.14
家事	2.96
子供の世話	2.95
夕方の通勤	2.78
仕事	2.65
朝の通勤	2.03

出所：Kahneman, D., Krueger, A. B., Schkade, D., Schwarz, N., & Stone, A. A. (2004). Toward national well-being accounts. *American Economic Review*.

す。上司からアドバイスをもらえますが、お小言もいただきます。プレッシャーも与えられます。接客を行えば、感謝されますが、クレームも言われます。接客を担当する時間があれば、その時間は簡単に抜け出せません。自由がありません。ただ、ポジティブな感情のほうがまさっているというところが重要です。他の活動よりはストレスも高く楽しくないかもしれませんが、仕事自体は楽しさや幸福感をもたらしてくれるということです。

その仕事がなくなった状態、つまり失業状態の幸福度はどうでしょう。

経済学者の大竹文雄氏は、「くらしと社会に関するアンケート（２００２）」と内閣府が行っている「国民生活選好度調査」のふたつの調査を用いて、失業が幸福度にどのような影響を与えているのか分析を行っています。

「くらしと社会に関するアンケート」調査を用いて、失業者とそれ以外の人の幸福度の分布を比較しています。幸福度は、「全体として、今あなたはどの程度幸福だと感じていますか。『非常に幸福』を10点、『非常に不幸』を0点、『幸福とも不幸ともどちらともいえない』を5点として、あなたは何点ぐらいになると思いますか」という設問で計測しています。幸福度が6以上を「幸福」、5を「どちらでもない」、4以下を「不幸」とし、失業者と失業者以外を比較しました。その結果、失業者の約43％が「不幸」であるとこたえているのに対して、失業者以外では「不幸」であると回答したのは、約8％に過ぎませんでした。逆に、「幸福」であると回答した割合は、失業者で約27％に対して、失業者以外は約54％という結果になっています。

さらに、ふたつの調査それぞれのデータ分析を行っていますが、所得水準などの経済変数をコントロールしても、失業は幸福度にマイナスの影響を与えていることがわかりました。つまり、失業保険等を含めた所得が同等であったとしても、仕事をしている人のほうが失業状態の人に比べて、幸福であることが示唆されています。

この結果からわかることは、仕事は、他の活動よりも煩わしく、ストレスフルであったとしても、仕事を辞めて失業状態になるよりはマシであるということです。哲学者たちが言うように、幸福には仕事が欠かせないということです。また、失業保険などによって所得が保障されたとしても、仕事をしていたほうが幸福であるというのは、興味深い結果です。つまり、仕事は、金銭以外に重要なものをもたらすということです。

本書の前半部分でも述べていますが、働いている理由は、複雑です。単に生活のために働いていると思っていても、それ以外の要因も作用して、私たちを仕事場に向かわせています。なぜ働いているのかを意識して、働いているわけでもありません。無意識に働いている場合も少なくありません。朝になったので働きに出る。職場では仲間が待っていて、そこには自分の仕事がある。習慣の力で働いているとも言えるし、周りの力によっても働いているとも言えます。

＊＊＊

まとめましょう。

この章では、主に幸福という側面で「働く」ということを見てきました。幸福を得るためには収入が必要になります。そのために働きます。それはそれで主要な「働く」原動力であることは確かです。また、働く上で、自分の幸福度を高めることはよいことですし、職場にとってもよいことです。従業員の幸福度が高い職場のほうが業績が高いという研究結果も、報告されています(2)。

職場の同僚に感謝をする。できない仲間をケアする。豊かな人間関係をつくる。継続的に学んでいく。定期的に運動をする。楽観的にものごとを考える。よかったことを思い出す。というような活動は、幸福度を高める行動ですが、仕事上での成果を上げることに直結しないように思われます。しかし、そのような活動は、間接的には業績を上げ、ビジネスで成功させ、結果として、仕事人生の充実度を高めます。幸福な人が業績を上げるということです。

第1章で、現代日本における「働く目的」について触れました。そこでは約5割の人が働く目的は「お金を得るため」だと述べました。衣食住を満たすためにはお金を稼がなければならない。また、ある程度まで稼ぐことは幸福度を高めることにつながっていることもわかっています。ゆえに働く目的がお金であることは理解できます。しかしながら、収入は衣食住を満たすのに十分にあるのにもかかわらず、富を貯めていくことや収入を上げることに価値を感じ、そのことを目的にしているとしたら、注意が必要です。そのような人は幸福度が低いという結果は、前述の通りです。お金に執着して、人間関係をおろそかにしがちで、家庭生活に重きを置いていないことがその要因です。

収入が上がれば幸せですが、ある程度以上になると幸福度は増えません。経験的に、そのことがわかっていますので、必要以上に働かない人もいます。一方で、十分に稼いでいてもまだ、懸命に働いている人もいます。快楽のトレッドミルに乗っているわけでもありません。生活は質素に保っています。幸福になるかどうかということを意識しているわけでもありません。違う動機で働いているのです。

それは、社会の一員として役割を担っているという誇り、会社仲間からの信頼・承認・尊敬・刺激、誰かの役に立っているという実感、傍を楽にすること、仕事を全うしなければという責任感、何かを成し遂げる達成感、負けたくない競争心、昨日よりも成長している実感、自分なりの創意工夫、会社が実現しようとしている理念への共感、ビジネスゲームとしての楽しさ、自分にしかできないものをつくり上げる喜びなどです。


結果として、幸福に感じていることもあれば、煩わしく厳しく感じていることもあります。つらいことのほうが多いかもしれませんが、誰かからの感謝の言葉で救われることもあります。喜びもありますが、厳しさもあります。多くは、働くことそのものに意味があると思って働いています。やりがいや生きがいを感じています。

働く動機として、生活を維持するための「お金」はベースにあるでしょう。また、所得が上がれば、ある飽和点まで幸福度は上がることもわかっています。ただ、十分なお金があったとしても、多くの人は働きます。また、幸福であるかどうかにかかわらず働きます。最初はお金が動機であったとしても、働いているうちに動機が変化している人もいます。

マズローの欲求5段階説で説明できるかもしれません。生理的な欲求や安全欲求が満たされれば、次は仲間からの承認や尊敬されることを求め、そして、自分らしく自分を表現する欲求（「自己実現」欲求）

を満たしたいと思うでしょう。

マズローは後年、5段階の欲求段階の上に、さらにもうひとつ上の段階があることを発表しています。それは「自己超越」欲求です。自我を超え、見返りを求めず、使命によって突き動かされる欲求です。

ときには、私たちは、自分の命を犠牲にしても何かを行いたいと思います。警察官や消防士、あるいは自衛隊員の仕事は、まさに命の危険にさらされる仕事です。そこまでの危険はなくても、働く人は、ある種の職業倫理や使命感を持っています。ある中学校の先生は、「たとえば拳銃を持った男が教室に乱入したなら、私は生徒を守るために盾になる。そう思いながら、中学校に通っている」と言っていました。

儲かるとか儲からないとか、楽しいとか楽しくないとか、あるいは幸せになるとかならないとか、そういうのとは関係なく、仕事とは、社会になくてはならなくて、自分を犠牲にしても行うものと思っている人もいます。そうではないと思っている人でさえも、ある日、突然、使命感に燃えるということも考えられます。そういう心を私たちは持っています。

おおよそ100年前、世界初の求人広告と言われる南極探検隊員募集広告の話と通底しています。広告は次の通りです。

求む隊員。至難の旅。わずかな報酬。極寒。暗黒の日々。絶えざる危険。生還の保障はない。成功の暁には名誉と賞賛を得る。アーネスト・シャクルトン卿生理的欲求、安全欲求も必要ですが、それ以上に名誉や賞賛、あるいは自己を犠牲にしてでも何かをやり遂げたいということかもしれません。また、そういう人を私たちは賞賛するのでしょう。

自分の子供が、「命の危険があるけど賞賛に値する仕事に就きたい」と言ったときに、親はどういうふうにこたえるでしょうか。子供は、命の危険があることを承知していたとしたら、親が反対しても、その仕事に就くことを選ぶと思います。逆に、親の反対にあって断念するレベルの覚悟では、その仕事に就くことはやめたほうがよいでしょう。表面的には反対をしても、子供が子供にとって意味があると思う仕事に就くことは、親としてはうれしいことだと思います。

いろいろと述べてきましたが、概して、仕事を通じて人は稼ぐことができると同時に、幸せを感じることができると思われます。逆に、仕事をしないと、幸福を感じられないリスクがあるということでもあります。

次章は、働く意味（第1章）、そして幸福論（第3章）を考慮した上で、「働く」上で最も大切なことと思われる「自分に合う仕事を見つけること」について考察していきます。

注

（1）「外的な財宝」「心の財宝」「肉体の財宝」の3つである。
（2）たとえば、Wright, T. A., & Cropanzano, R. (2000). Psychological well-being and job satisfaction as predictors of job performance. *Journal of Occupational Health Psychology*, *5*(1), 84.

4 自分に合う仕事を見つけることをあきらめない

「大きくなったら何になりたい？」

小さい頃には、何度も聞かれます。作文も書かされます。たいていの子供は、野球選手、サッカー選手、大工、ケーキ屋さん、歌手と書きます。最近では、会社員や公務員と書く子供も多いということです。(1)

私の小学校5年生のときの文集を見てみたら、「新聞記者になりたい」と書いていました。深く考えたわけではありません。祖父も父も新聞記者だったというのが大きな理由でした。その後、中学校に入学し、「新聞記者になるんだったら、文系だね」と友達から言われて、「そうだね」とこたえていました。しかし、リアリティはまるでありませんでした。自分が社会人になることをうまく想像できませんでした。

中学校2年生のとき、母親が読んでいた女性誌の星占いで、「みずがめ座のあなたは、天文学者に向いています」と書いてありました。確かに、星を見るのが好きで、お金持ちの友達の家に行って、天体望遠鏡をよく覗いていました。時代も、人が月面に着陸し、未来は宇宙に開かれていました。未知なる宇宙を探索することもカッコイイと思い、天文学科のある大学を探しました。大学に行くなら、文系ではなく理系じゃないとダメなんだということを知りました。

高校生時代に、いいオトナが周りにいて、オトナと話しながら、どんな職業が向いているのかということを話すことができればよかったと思います。しかし、時代は高度成長期。父は忙しく、将来について話した記憶はまったくありませんでした。進学校であったためか、高校の先生の指導は、「いい大学に入ること」であり、その先のことについては、まったく話す機会はありませんでした。

私自身も大学に行くことは、見えていました。しかし、その後の将来について、それを展望する手段もありませんでしたし、将来を考えること自体を封じていたような気がします。「大人になりたくない」という感情、あるいは「人生に対する責任を負いたくない」という気持ちもありました。できればいつまでも子供のままでいたいというふうに考えていました。そういう心情は、当時、モラトリアム、あるいはピーターパン・シンドロームと呼ばれていました。

大学に入った後も、自分には社会性がないように感じ、就職できる気がまったくしませんでした。将来へのキャリア展望もなく、勉強もせず、日雇いのバイトをし、好きな映画を見る生活を続けていました。

１９８０年代中盤。時代は、バブルへと向かっていました。六本木ディスコ全盛期。渋谷はパステルカラーのトレーナーを着た大学生で賑わっていました。女子大生花盛りの時代でもありました。私は浪人、留年をしていましたので、まだ大学2年生でしたが、友人たちは、就職活動をしていました。

就職活動をしていた女性の友人が大人っぽく見えましたが、面接を受けている会社は、無茶苦茶でした。商社、銀行、メーカー、マスコミ、流通。何でもありでした。友人の家で、彼女が初めてつくったチャーハンを食べながら、尋ねました。

「何でそんなに、いろんなところ受けているの？」

「わたしは、いろいろ受けたいの」

「何で？」

「あなたは工学部だから、教授推薦でメーカーの研究職に決まるかもしれないけれど、私はいくつも受けないと受からないの」

私は、ろくに授業も出ていなかったので、ちゃんと進級できるかどうかもわかりませんでした。相変わらず、自分が就職することなんか想像もできませんでした。「教授推薦」「メーカーの研究職」というのも私には向かない世界だと薄々感じていました。


「でも行きたいところってないの？」

「わからないのよ。私はいろいろなことができる。頭もいいし、運動もできるし、ピアノも弾ける。料理もできるし、英語もしゃべることができる。子供の相手だってうまいと思う。でも、みんなそこそこなのよ。わかる？　器用貧乏」

「ん？（自分で頭がいいって言うかぁ）」

「き・よ・う・び・ん・ぼ・う」

彼女は、両親の期待に沿うように、勉強して、お手伝いもして、ピアノのお稽古にもいって、進学校に入って、偏差値の高い大学に入って、留学もして、まわりに「すごいねえ」って誉められていました。友人本人が言うには、まわりの期待と評価の中で生きてきたとのことです。

「そうはいっても、何かしたいことってないの？」

「あんたバカなの。何がしたいのかわからないって言っているのよ！」

その言葉は強烈でした。そのあと、話す言葉は見つからず、少ししょっぱいチャーハンをたいらげました。

「やりたい仕事」を見つけるのは意外と難しいことだと初めて気づいた出来事でした。時代は男女雇用機会均等法施行前。世間的に見れば立派な大学に行っていた彼女が内定を得たのは、総合商社の一般職だけでした。

30年以上も前の話ですが、今の学生と話をしていると、本質的にはあまり変わらないという印象を受けます。

「やりたい仕事」を見つけるのも大変ですが、見つけたとしてもその仕事に就けるかどうかは別問題です。また、「やりたい」と思っていても、それが本当に自分に合っているかどうかもわかりません。「やりたい」ことがうまく見つからないという問題もありますが、一方で、若い頃は、あまり考えることなく、「あれがいい」とか「よくない」と決めつけてしまうこともありがちです。

「医者って忙しそうだよ」という友人の一言で、医者になることをやめてしまう。あるいは、メカが好きだけど、自分以上に好きな友達に会って萎縮してしまうということはよくあります。割と小さなことで、キャリアの大きな可能性を閉ざしてしまうことがあります。自分に合う仕事を決めるのも大事ですが、「これをやりたい」あるいは「これはやりたくない」と決めつけることも危険です。

いくつになってもやり直すことはできます。キャリアを変えることはできます。しかし、そうは言っても過去は不可逆です。若い頃は、エネルギーがあり、多少の障害は乗り越えることはできますが、年齢を重ねれば、何でもできるわけではありません。結婚してパートナーや子供ができれば、自分だけの判断で決めることもできません。そういう意味で、若い頃に自分に合う仕事を選ぼうとすることは大事であり、「生き残る」という観点でも「幸福になる」という観点でも、大切なことです。

ただ、若い頃に自分のことがわかっていなかったり、自分のことがわかっていても合っている仕事にうまく就けなかったりということは、大いにありうることです。

しかし、そのことで自分に合う仕事を見つけることをあきらめないでほしいと思います。自分に合う仕事はあるはずです。今の仕事が合わないとしても、何が合わないのか明確にしておきましょう。それは、次に仕事を選ぶ機会に役に立つでしょう。

「ジョブ」「キャリア」「コーリング」

社会学者のロバート・ベラーらは、著書『心の習慣―アメリカ個人主義のゆくえ』で、仕事の種類を「ジョブ（job）」と「キャリア（career）」と「コーリング（calling）」の3つに分けています。仕事をどういうふうに認識しているのかという基準での分類です。

仕事を単なるお金を得る手段と考えていれば、「ジョブ」です。なるべく短い時間で多くの金銭が得られればよいという考え方です。仕事は、呼吸をすることや眠ることと同様に、生活をするために必要なこととととらえています。仕事を行っている間は、時間が早く過ぎるとよいと考えています。序章で紹介したホテルに勤めている知人や自動車工場で働いていた頃の鎌田氏がその代表です。十分なお金があれば、働かずに、仕事以外に時間を使いたいと思っています。

一方で、仕事をすることに価値を置いており、仕事に対して、多くの時間を使って、仕事からお金だけでなく、出世や名声を得ることを目的としていれば、その仕事は「キャリア」です。社会的な地位が上がることや自分が影響を及ぼす範囲が広くなることに価値を置いています。また、競争に勝つことや経済的に潤うことにも価値を置いています。昭和のサラリーマンの多くは、仕事をそのようにとらえていたと思われます。会社に入った後は、会社の都合によって異動や転勤が繰り返され、会社に奉公する一方、よい仕事をすれば、報酬として昇進が提供され、出世競争に参加することが奨励されていました。

そして最後に、仕事に価値を置き、仕事と生活や人生を切り離さず、仕事そのものが目的であり、その仕事をすることがまさに生きることととらえているとすれば、その仕事は「コーリング」です。職人やプロフェッショナルに多いタイプです。医者や教師のような特定の職種に、仕事を「コーリング」ととらえている人が多い可能性はあります。

しかしながら、どのような職種においても、その仕事を「コーリング」と思っている人がいます。彼らは、仕事を愛し、自分の仕事は意味があると思い、その仕事によって世界はよくなると信じています。なお、「コーリング」は宗教用語ですが、ベラーらの定義では、特に宗教的な意味合いを持たせているわけではありません。

ベラーらは、工業化社会の到来とともに、「コーリング」の要素は弱められたと考えています。19世紀中頃のアメリカの小さな町では、各人の仕事が町の全体の利益に貢献していることが容易に見てとれました。しかし、近代になり、個人から見た社会はより大きなものになり、自分がやっている仕事が社会全体へ貢献していると認識することは次第に難しくなってきました。

仕事は、社会全体を意識することなく、個々人がばらばらに私利を追求するための行動であるほうが普通になっていきました。そのような中でも、仕事を「コーリング」と認識している人は少なくはありません。医者や弁護士や教師などの職種に属している人には多く存在していますし、会社組織の中にも専門家として仕事そのものを楽しんでいる人が存在します。

「ジョブ」「キャリア」「コーリング」。どれも否定するものではありません。また、一人の人に、3種類の仕事タイプが混合していることも多いかと思われます。つまり、生活のために働いている一方で、社会的な地位が上がることをうれしく思い、仕事そのものを楽しく感じているという状態です。人によってその濃淡がありますし、歳をとれば変わります。自動車工場に勤めていたときの鎌田氏は、仕事は「ジョブ」ととらえていたかもしれませんが、ジャーナリストとして働いているときには、仕事は「コーリング」だったのではないでしょうか。このように、対象になる仕事によっても働く意味合いは変わります。

エイミー・レズニスキー（Wrzesniewski, A.）らは、仕事に対する認識（「ジョブ」「キャリア」「コーリング」）に関する研究を進めています。その研究でも、3種類の特徴が明らかになっています。たとえば、仕事を「ジョブ」ととらえている人は、「お金があれば退職したがっており」「ウィークエンドを喜び」「お金のために働いている」とこたえています。一方で、「コーリング」ととらえている人は、「休日にも仕事のことを考え」「自分の仕事のことを語るのが好きであり」「お金が十分にあっても、今の仕事は続け」「人生の中で、仕事は最も大事なもののひとつである」とこたえています。

同研究では、3種類の仕事観を持っている人の数が同数になるように調整して、研究を行っていますが、属性による特徴があります。第一に「ジョブ」や「コーリング」ととらえている人に比べて、「キャリア」ととらえている人が最も若いという特徴があります。若さゆえ、現在の社会的地位が低いという状況にあり、より高い社会的地位を得たいという欲求があると考えられます。また、懸命に働くことで、高い社会的地位が得られる可能性があると考えているのではないかと推察されます。

他の特徴を見てみましょう。

仕事を「コーリング」と認識している人は、「ジョブ」や「キャリア」と比較して、高学歴、高収入であり、社会的地位も高いと認識しているという結果になりました。また、「コーリング」の人たちは、生活全般、健康、仕事満足という観点でも最も高い得点でした。

レズニスキーらは、どの仕事タイプも推薦したり否定したりはしていませんが、もともとの提唱者であるベラーらは、仕事を「キャリア」ととらえていくことを、婉曲的にではありますが、否定しています。

組織のピラミッドは、昇進すればするほど狭くなります。優秀だったとしても、トップに昇れるのは一握りです。そのため、仕事を「キャリア」と認識している人は、中年期に失望してしまう結果になる可能性が高いと言えるでしょう。今後の日本経済を考えますと、多くの会社でポストが不足しており、必ずしも昇進できるわけではないという状況にますますなってきます。組織の階段を登ることはできず、何年も同じポジションに固定されたままの状況になり、上昇あるいは前進することがアイデンティティであるとしたら、自己の可能性が色褪せて見えてきます。

また、前進することや社会的地位を向上させることに興味がある「キャリア」タイプの人が、実際にトップになると、悲劇が起きることがあります。つまり、本人の目的は、トップになることですので、トップになった時点で目標達成です。ところが、周囲からは、当然ですが、トップとして組織をリードすることを期待されています。しかし、本人にビジョンや志がなければ、組織をリードすることはできません。昇進することに価値を置いている人がトップになった場合、本人にとっても組織にとってもあまり幸福な状態にならないでしょう。

一方で「コーリング」の意識が高ければ、組織の中での地位に関係なく、己の最善をつくすということができるようになります。昨日より今日、今日より明日に向けての自己の成長にも期待できますし、仕事そのもので社会に対する貢献を感じることができれば、自己の存在意義を感じることができます。

仕事をどのように認識するのかは自由ですが、ベラーらのアドバイスやレズニスキーの研究を勘案すると、仕事を「キャリア」とみなすことは危険であると言えそうです。一方で、仕事を「コーリング」ととらえること、あるいは、逆に、「コーリング」と言える仕事を見つけることの重要性がわかります。

天職（コーリング）意識を持つ

コーリング（calling）は、日本語で「天職」もしくは「召命」と訳されます。私たちは日常的にも「この仕事は私にとって天職だ」というように使います。ベラーらの定義と同様、宗教的な意味合いはなく、仕事そのものを楽しんでおり、「自分にとって合っている」という意味合いで使うことが一般的です。

そもそも宗教的活動以外の仕事に天職という概念を与えたのは、宗教革命を行ったルターでした。世俗的な職業を神の召命すなわち天職として受け止め、救いの確証を得るために禁欲的に労働に専心するというのがプロテスタンティズムの倫理であり、そのことが資本主義の精神につながっているというのが、マックス・ヴェーバーの主張でした。その後、産業化の進展に伴い、天職という言葉から宗教的な色合いは消えていき、勤勉の倫理や仕事そのものの喜びの意味合いが強くなり、その仕事そのものが自分に合っているというふうに使われています。

天職の意識は、単に個々人の特性と個々人の仕事が合うというだけでなく、社会の中でその役割を自分が担っているという意味合いもあります。社会には様々な人がいて、それぞれの人に得手不得手がありますす。社会のみなが得手を選んでいるほうがより円滑に社会がまわると思われます。大工仕事がうまい人が大工になり、料理するのがうまい人がコックとなるほうが、その逆を行うよりも、本人にとってもよいですし、社会としてもより豊かになります。会社やチームであれば、適材適所を実現しているほうがより業績を上げられるということです。

社会によって生かされているという意識を持つことと天職意識を持つことはつながっていると考えられます。私たちは、一人で生きているわけではありません。誰かによってつくられた食材を調理して食にありつけます。食材の大元は動物や植物であるわけですから、そもそも他の生命に依存して生きています。あるいは、誰かによってつくられた服を着ています。現代社会において、他の人の存在なしでは、生きることはできません。他の人によって生かされています。他の人も同様です。互いが互いを生かしていく。その活動の多くは労働です。私の仕事によって、誰かが助かる。社会の中で何らかの役割を担う。そのような形での社会への貢献のあり方が、天職の意味合いに含まれています。

数多くの職種の中から、実際に行うことができる仕事は限られています。膨大な職種の中から合理的に仕事を選択することは難しいでしょう。ゆえに、なんとなくこの仕事は自分に合っていそうだという直感に従うか、たまたま出会った縁や偶然の出来事によって導かれてその仕事をやっているということが、一般的です。

実際に、いきいきと働いている人に「今の仕事はなぜ選ばれたのですか」と聞くと、「なんとなくよさそう」「たまたま先輩がいて」というようなこたえが多いのも事実です。そして、やっているうちに好きになる。うまくなる。適応していき、その仕事を天職と思えてくるということもよくある話です。

一方で、もっと自分に合っている仕事があるのではないかという感覚を多くの人が持っていることも事実です。そうすると、自分なりに納得して選ぶこと、妥協しないで選ぶことが大切です。納得して選んだとしても、当然、採用試験に通らないということもあります。また、納得して選んで入社できたとしても、実際にやってみると理想と現実は違っていることはよくあることです。また、仕事は合っていても、のめり込みすぎて体調を崩して続けられなくなることもあります。私自身もそうでしたし、先に紹介したホテルに就職した知人は、まさにその典型です。天職であっても続けられるかどうかは、また別問題です。

あるいは、仕事にのめり込みすぎて、家族との時間がとれないということもあります。仕事だけの生活になることで、人としての成長がうまくできないということもあります。仕事以外での経験によって、人としての幅が広がったり、器が大きくなったりしながら、人として成長するということが十分に考えられます。人生において、すべてそうですが、何かよいことがあれば必ず副作用はあります。

入学偏差値で言えば中の下ぐらいの大学で教えている先生から聞いた話です。

「学生はあまり意欲を持っていません。仕事に対して、あるいは、人生に対して、自分がやりたいと思っていることをやればいいんだよと伝えても、そんなことができるわけがないと思っています。何か夢を持つことや希望を持つことをあきらめています。なので、高卒だけどやりたいことをやっている人やこの大学のOGやOBを毎回ゲストに呼んでいます。すると、初め意欲がなかった学生が半年ぐらいすると変わってきます。何かやりたいことをやってもいいのではと思い始めます」と先生は言います。

出身大学によって、就職しやすい、あるいはしにくいことがあるのは事実です。しかしながら、そのせいでやろうと思っていることができないわけではありません。向いている仕事を考えることをあきらめる必要はありません。

レズニスキーらの研究でも示唆されましたが、天職（コーリング）は様々なメリットをもたらします。自分の仕事に対して、コーリング意識を持っている個人ほど、職務満足、仕事への意欲、キャリアに対するコミットメント、仕事の有意味性、職業の重要性、組織の義務に対する認識が高いことが示されています。「天職」を選ぶことは大切であると言えそうです。

ところで「天職」と「自分に合う仕事」は微妙に違います。「天職」あるいは「自分に合う仕事」の定義にもよりますが、もともとの意味から考えますと、「天職」は、自分に合っているかというよりも、社会の中で自分がその仕事をするのにふさわしいかという観点を重視しています。自分には合っていると思うけれどその役割は自分でなくてもできる場合、天職ではないと感じる人もいます。あるいは、ある仕事を行う上での能力がとても高くて、その役割を行うことが自分にふさわしく、周りからも天職だと思われても、自分ではその仕事が合わないと思うケースもあります。

また、能力もあり、その仕事をするのは楽しく、自分でも天職と思っても、その仕事を選ばない、選べない人もいます。理由はいくつかあります。競争が激しすぎて、その仕事に就けないということがひとつの理由です。あるいは、その活動が楽しいので、仕事でなく趣味としてやりたいということも理由に挙げられます。あるいは、ひとつめの理由と関連しますが、給料が低すぎて満足できる生活が行えないということもあります。たとえば芸術やスポーツの世界では、その仕事で十分に稼げる人は限られています。本人にとって天職だと思えても、十分に稼げないとしたら、他の仕事を選ばざるをえません。

本書では、「自分に合う仕事」というものを、天職よりも大きな概念でとらえています。つまり、「自分に合う仕事」には、天職も含まれますが、それ以上に、現実に仕事を選ぶ際に重要だと思えることすべてを含めた概念として考えています。

たとえば、仕事は一人で行うことは少なく、一緒に働く仲間がいます。気の合う仲間と楽しく仕事をするのであれば、仕事の種類にそれほどこだわる必要がないという考え方もできます。あるいは、どこかの会社に就職するのであれば、会社の理念や価値観、経営者の考え方というのも重要な要素です。また、その会社が業界内でどういう地位にあるのか、将来的に業績が上がりそうかどうかという要素も仕事選びの重要な観点です。その会社でのキャリアパスも仕事選択の大切な視点です。

現実には、就職の際には、「仕事選び」と同等、あるいはそれ以上に「会社選び」を行っています。なぜなら、会社側の新卒採用の方針には職種別採用もありますが、会社としての採用をしていることも多いからです。学生側も、実際に働いたことがありませんから、何の仕事が本当に向いているのかわかっていませんし、会社側としては、優秀な学生をとりあえず採用しておいて、あとで必要な部署に配置するほうが合理的であると判断していることも少なくありません。

だからといって、「仕事選び」ではなく「会社選び」でよいと言っているわけではなく、天職という意識や自分に合う仕事へのこだわりは、自分の仕事生活を満足させる上で、就職する前も、就職した後も大切なことであると考えます。

ビジネススクールにいくことを決める

1993年2月。入社して6年め、31歳になったばかりのときのことです。知人と飲む機会がありました。

一通り、互いの仕事の話や趣味の話をした後に、特に意味もなく、私はつぶやいていました。「30歳までに、ビジネススクールに行こうと思っていたんだよね。もう31歳になったけどね」

ビジネススクールに行くことは「もうあまりこだわっていないのだけれども」というトーンでつぶやいていたのですが、知人は、「今からでも行けばいいじゃない」と真顔で言います。

それから、約1時間。なぜ今ビジネススクールに行けないのかということを語っていました。簡単に言えば、仕事が楽しい。十分に満足している。そして忙しい。ビジネススクールへ行っても何かを得られるわけではない。ということを語っていたと思います。知人は、特に反論もすることなく、フンフンと聞いていました。

そのうち私は、自分に嫌気がさしてきます。できない理由を懸命に述べているだけではないか、と。そんなことが1時間ほど話してみてわかってきます。自分で自分の壁を勝手につくっている。

「わかった。留学することを決めたよ」と店を出る前に、知人にはそう宣言し、翌日にさっそく英語のテキストを買いました。

それまで大学入試のための英語はやったことがありましたが、まともに聞くことや話すことは皆無でしたので、英語では苦労しました。仕事と両立しながら勉強することは思ったより難しく、土日、祝日、夏季休暇、冬季休暇、ゴールデンウィークも休みをとることなく、英語漬けで、なんとか2年半後に、33歳で、南カリフォルニア大学に入学することができました。


単に、留学して帰ってくるだけでは、あまり意味がないと思っていました。会社派遣ですので、勉強しているだけで、働かなくても会社から学費と給料と住居費が支給されます。恵まれています。その分、きちんとお返ししないといけません。何かのビジネスのタネを持ち帰り、新しいビジネスを行い、成功することが会社への恩返しと思っていました。ビジネススクールへ行く前から、そう決めていました。だから、単に授業を受けるだけではなく、ビジネスになりそうなタネをロサンゼルスにいながら、探していました。会社に貢献できて、自分も楽しめるものという観点で探していたところ、そのタネは意外と身近にありました。

ビジネススクールのほとんどの学生は、自腹で授業料を払っています。年間500万円近い授業料です。奨学金はありますが、卒業後返済しなければなりません。そのために、なるべく好条件で就職しなければなりません。そういった学生ニーズがあるのはわかっていますので、大学のキャリアガイダンスは充実していました。卒業生がいい条件で就職できることが大学の評判を高めることになりますので、就職情報の提供、ＯＢやＯＧの紹介、カウンセリングに力を入れていました。

私自身は、会社派遣ですので、就職の準備は必要ありませんでしたが、興味から、クラスメイトと一緒にキャリアガイダンスをいろいろと受けていました。ＯＢやＯＧの話を聞いて議論すること、自分自身のキャリアの棚卸し、強みや弱みの棚卸し、自分の死亡記事を書いてみること、キャリア志向や職業興味に関するアセスメントの受検、キャリア相談などのプログラムを喜んで受けていました。

アメリカの学生の就職活動事情もよくわかりました。それ以上に、自分自身のことをよく考えました。何が強くて、何が弱いのか、今まで何をやってきて、これから何をしたらよいのか、それまで漠然と考えていたことを深く考える機会を持ちました。

そのうち、このプログラムそのものを日本に持ち帰れないだろうかと考え始めました。90年代中盤の日本は、バブル崩壊後で、日本的雇用慣行を見直さないといけないという言説が出始めている時期でした。大企業ですら倒産しリストラも行われる時代になってきており、個人のキャリアは、「会社ではなく個人が責任を持つ」ようになることが予想されました。

アメリカでは、自分のキャリアに自分で責任を持つことは当たり前でしたが、その分個人が自分のキャリアを考えるためのツールが充実していました。特に、アセスメントとキャリアカウンセリングは強力なツールでした。当時日本では、自分のキャリアを考えるためのアセスメントはほとんどありませんでしたし、キャリアカウンセラーは存在していませんでした。

また、当時のリクルートは就職の情報を提供していましたが、自分のキャリアを考えさせるツールはありませんでした。メインビジネスをサポートする意味でも、アセスメントとキャリアカウンセリングのビジネスを行うことを、ビジネススクール2年めに入った頃から、当時の経営陣に打診していました。

ビジネススクールで使用していたアセスメントを開発した先生に会いにいって、アセスメントの構造、内容、結果の解釈ならびにアセスメントを使用したカウンセリングの仕方についての講義を半年にわたって、マンツーマンで習いました。そして、日本語に翻訳して使う権利を購入しました。総額100万円程度。とりあえず、自腹で払いました。会社でこのビジネスをやらないのであれば、他社に持っていくか、自分で起業すればよいと覚悟を決めて、帰国しました。

R-CAPを開発する

1997年、帰国の際、新しいビジネスを立ち上げる場所と人を用意してほしいとリクルートにお願いしました。幸いにも、理解がある経営陣に恵まれ、キャリアを支援するビジネスの立ち上げが承認されました。

スクールに行っていた2年間の、仕事をしていなかった鬱憤をはらすように、帰国後は、仕事に没頭していました。まずは、「自分に合う仕事」に関するアセスメントのビジネスの開発に着手しました。リクルート・キャリア・アセスメント・プログラム（略称：R-CAP）という商品名で、1998年に学生向けにリリースしました。3600円という高額にもかかわらず、[2]一緒に仕事をしてくれる仲間とともに、初年度1.5万部、2年め3.2万部、3年め5.5万部と順調に売上を伸ばすことができました。

「自分に合う仕事」は、自分で仕事をしてみないとわかりません。やってみて、この仕事は向いている、向いていないという判断ができます。しかし、就職する前にできる仕事はアルバイトやインターンシップという形態が主で、わかることは限られています。そのような状況において、R-CAPのようなアセスメントプログラムは役に立ちます。

R-CAPの開発は、日本人の多くの労働者が携わっている100職種のデータを集めるところから始めました。同じ職種に関わっている人たちで、その仕事に満足している人たちは、同じような志向、趣味、嗜好を持っているのではないかという仮説の下、データを集めました。データの分析の結果、仮説通り、職種ごとに、職業興味や趣味嗜好は違っていました。

職種ごとのデータベースが整ったところで、実際に、自分でアセスメントを受けてみたところ、

第1位　建築デザイン
第2位　ビジネスコンサルタント
第3位　経営企画
第4位　金融ディーラー
第5位　バイヤー
第6位　大学教員

という順番でのランキングでした。

「金融ディーラー」や「バイヤー」という仕事はよくわかっていませんでしたが、「建築デザイン」「ビジネスコンサルタント」「経営企画」「大学教員」という仕事はわかっていましたし、自分に向いている仕事だと感じていました。10年以上働いていて、なんとなく向いていると感じている職種が、ある意味、客

観的に向いていると言われると、「それでいいんだ」という自信につながります。結果を鵜呑みにはできませんが、自分と同じような興味、趣味嗜好を持っている人たちが、ランキング上位職種に多いということは客観的な情報として有用であると自ら思うことができました。

R‐CAPを受ける前に、自分なりに「自分に合う仕事」を考えてみました。

アートとサイエンスとビジネスが交わっているところが自分にとっては最も心地よく、今の仕事にもかなりあてはまっていると思いますが、建築家もあてはまっていると思っていました。

大学に入ったとき、天文学者には魅力を感じていませんでしたが、建築家は向いているのではと漠然と思っていました。ただ、製図の授業で、影になる部分を1㎜以下の等間隔で斜め平行線を描くのが面倒かつ下手で、建築家は向かないと決め込んでしまいました。些細なことで、これは向かないと思う典型的なパターンです。直感に従うのはよいですが、向く、向かないと短絡的に決めるのも賢い選択ではないと思います。

大学1年生のときに、R‐CAPを受けて、その後、将来のキャリアに関して相談できるサービスがあれば、自分の将来は今と同じではなかったと思います。そのことがよかったか悪かったのかという判断はできませんが、納得感があったのではとも思います。

いずれにせよ、R‐CAPでの適職診断は、自分が経験していない仕事に就いている人たちのうちその仕事に満足している人の職業興味や趣味嗜好のデータと自分のそれとの適合度を測定するものです。働いている2万人の人に、直接インタビューしなくても、欲しいデータのエッセンスが得られるものであり、「自分に合う仕事」を探している人にとっては有用な情報であると考えています。(3)

R-CAPで扱っているアセスメントは、適職診断だけではありません。大学生向けに開発する際には、適職診断の他に3つのアセスメントを組み込みました。「職場環境」「仕事の仕方」そして「キャリア志向」で、いずれも仕事選び、会社選びの重要な視点です。

ひとつめは「職場環境」に関するアセスメントです。

人は安定や秩序を好みます。

毎日、起きる場所も時間も変化し、行うことや使う技術も同じではないとすれば、短い間だと楽しいですが、普通の人は疲れます。昨日は左側通行だったけれど、今日は右側通行というような状態だと、脳には刺激的ですが、習慣による省力化ができません。毎日、精一杯のパフォーマンスを上げないとクビになるような職場だと、落ち着いて仕事ができません。長い目で見れば、ある程度、人には安定や秩序が必要になります。

一方で、人は変化や刺激を求めます。

昨日とまったく同じことを続けていけば、いずれ退屈になります。人は好奇心を持っていますので、今日と違う明日も期待しています。今日と違うことをすれば、リスクがあることはわかっています。しかし、うまくすればリターンも得られます。今日と同じことを続けていてもリスクはあります。リスクとリターンを勘案しながら、新しいことに挑戦していきます。そのような計算がなくても、この森を抜けたら何があるのだろう。山の向こうに何かあるかもしれない。海を越えたら新天地が広がっているかもしれない。というように、好奇心と挑戦心を持っているのも人間です。

安定と変化。相反する性向を人は持っています。ただ、程度は人によって違います。安定を好む傾向が強い人。変化を好む傾向が強い人。どちらもいます。どちらの傾向がより強いのか、日本人の中において自分がどのあたりにいるのか、そういうことを測定するアセスメントです。

そのことがわかると何がうれしいでしょうか。

自分が変化刺激を求める傾向が強いにもかかわらず、安定や秩序を求めている職場であれば、職場にフラストレーションを感じるでしょう。一方で、自分が安定を求める傾向が強いにもかかわらず、変化が激しい職場であれば、ストレスがたまるでしょう。そのことを納得した上で職場を選ぶことも大切です。自分が変化を好むのか、秩序を好むのか、自分でなんとなくわかっていても、確認する意味で、アセスメントを活用することで新しい発見があるかもしれませんし、仕事選びに役立つでしょう。

一般的に、若い会社やベンチャースピリッツに富んだ会社であれば、変化が激しいでしょう。一方で、古い会社や大きな会社であれば、安定しているでしょう。業界によっても変わります。食品業界や日用品業界は、比較的安定している業界です。なぜなら、人々の食べ物や過ごし方の習慣は、日々、大きく変わらないということがあるからです。そのため、売上も安定していますし、職場も安定しています。一方で、黒物の家電業界やＩＴ関連業界は、業績が大きく変化します。技術の進展の速度が速いために、昨日まで好業績であった会社がいきなり赤字転落ということもありうる業界です。そうすると、戦略も短い期間で変化させないといけませんし、職場そのものにも変化があります。そういう会社に行くと、会社全体が慌ただしく、変化があります。

会社が持つテンポが自分に合うのかどうか、実際に会社を訪問してみて肌で感じることが、会社訪問をする意味でもあります。

私自身も、会社説明会のとき学生を前に話をすることがありますが、しばしば「会社のビルに来て、受付に来て、エレベーターに乗って、何を感じましたか」と聞きます。エレベーターに乗っている人が楽しそうだった。若い人が多い。疲れていた。受付ロビーに活気があった。親切にしてくれた。閑散としていた。等々、何かを感じているはずです。そして、何か合いそう、あるいは合わなさそうと感じることが、会社を訪問する意味です。インターネットで調べれば、かなりのことがわかるようになった現在でも、わざわざ時間を使って訪問する意味は、職場の雰囲気を感じるためです。そして、その雰囲気が自分に合うのかどうか、自分の感性を試してみることを勧めます。

ふたつめのアセスメントは「仕事の仕方」に関するものです。正式名は、「ローカス・オブ・コントロール」というアセスメントで、アメリカの心理学者のジュリアン・ロッター（Rotter, J. B.）が開発して以来、様々な領域で、よく使われているアセスメントです。ローカス（locus）という言葉は聞き慣れない言葉ですが、「所在」と訳されます。平たく言うと「自分がコントロールしていると思っているところ」という意味です。自分に起こることが、自分がコントロールしていると思っているのか（内的統制）、それとも運や他者によってコントロールされていると思っているのか（外的統制）、その度合いを測定するものです。たとえば、成績が悪かった場合、運が悪かったと思うのか（外的統制）、努力不足と思うのか（内的統制）で、次の行動が変わってきます。内的統制が強い人であれば、より一層努力をしますし、外的統制が強い人であれば、次はよい成績がとれるよう、神頼みをします。

と書くと、内的統制が強いほうがよいように思われますが、内的統制が強い人は自分の周りで起こったことを自分の責任と思いがちになります。実際には、コントロールできないことも多いにもかかわらず、責任を背負ってしまい、精神的に参ってしまうということもあります。コントロールの所在に良し悪しはなく、程度問題であると思われます。何がコントロールできて、何がコントロールできないのかということを識別することは、仕事をする上でも生きる上でも、大切なことと思われますので、第6章であらためて扱います。ここでは、「自分に合う仕事」ということに関して話を続けます。

内的統制が強い人は、周りの環境を自分でコントロールをしたいと思う欲求が強いため、そうでない環境におかれたときに、精神的なストレスを感じます。仕事のやり方が決められていると、それに従うことは苦痛になります。決められた手順で、決められた通りにやらなければならない仕事はたくさんあります。そういう意味で、内的統制が強い人は、自分が行おうとしている仕事にどういう窮屈さがあるのかわかっておく必要があります。

一方で、外的統制が強い人は、自分でコントロールの余地が多いと、どうすればよいのかわからなくなってしまいます。「あなたが決めていいのですよ」と言われても、「どうすればいいですか」と指導を仰ぎたくなります。

いずれにせよ、自分で自分に心地よい仕事のやり方がわかっていると、仕事選びも間違いが少なくなります。

3つめは「キャリア志向」に関するアセスメントです。エドガー・シャイン（Schein, E. H.）の「キャリア・アンカー」の考え方をベースにしたアセスメントです。シャインは、キャリアを選択する上で、大事な要素である「才能と能力」「動機と欲求」「態度と価値」を統合して、「キャリア・アンカー」としています。アンカーは船の錨《いかり》という意味ですが、キャリアを選択していく指針の役割を果たします。自分が本当にやりたいことの拠り所、自分が自分らしくなれるところという意味合いで使います。R－CAPは、シャインが提唱した5つのキャリア・アンカーを参照してつくられています。「経営管理志向」「専門志向」「自律志向」「起業家志向」「安定志向」の5つです。(4)

5つのそれぞれの要素が、どのくらい強い志向を持っているのか、見ていくものです。ただ、他の3つのアセスメントに比べて、このアセスメントは、経験によって変化していきます。若いときに「経営管理志向」が高くても、何かの仕事にのめり込み、専門家としての道を歩み始めると「専門志向」が高くなることはよくあります。反対に「専門志向」が高く、専門家としてのキャリアを積んでいたけれども、昇進して管理する仕事をするようになって「経営管理志向」が高まるということもありえます。他の志向も同様ですが、自分のキャリアを考える上で、参考になるアセスメントであると考えられます。

適した「職業」「職場環境」「仕事の仕方」「キャリア志向」の4つのアセスメントから、R－CAPは成り立っています。そして、この4つの結果を分析していくと、自分に合う職種、職場、仕事の仕方が見えてきて、この後のキャリアをどう積んでいくのか見えてくると言いたいですが、現実には、この結果は、将来の方向性を考える上でのひとつのツールでしかありません。場合によっては、かえって混乱することもあります。

たとえば、理系の人がR-CAPを受検しましたが、向いている仕事に文系職種ばかり並んでいた場合、どう考えていけばよいでしょうか。

R-CAPの結果から言えることは、多数の理系の人が進路として選ぶであろうメーカーのエンジニアなどの理系職種に就職すると、その仕事で満足しない可能性が高いということです。しかし、これまで勉強してきたわけだし、理系のほうが就職に有利ということであれば、現実的にはエンジニアになるということも考えられます。そして、実際にエンジニアという仕事を行ってみて、それでも合わないと判断すれば、その会社の中で異動をすること、あるいは転職することも考えたほうがよいでしょう。

あるいは、理系なのだが就職するのはなんとなく文系だと思う人にとって、「やはり、そうだったんだ」ということで、文系就職をする際の説得材料になると思われます。私自身も工学部でしたが、文系就職を果たしました。それまで学んだことを捨てることは、もったいないと思いましたが、その後の仕事人生で、この仕事が合わないと悩み続けることのほうがもっと嫌なことであるという判断でした。

金井壽宏先生の神戸大学のクラスで、R-CAPをクラス全員が受検し、その後にワークショップを開催するということを行いました。学生の中に教師志望の人がいましたが、彼の適職診断の結果は、向いている仕事の下位10％に「教師」がランキングされていました。

「私は、教師になり、教育改革を行いたいと思っているのに、どうすればいいですか」と彼は質問してきました。

「この結果から言えることは、実際に教師をしていて、その仕事で満足している人の職業興味、趣味嗜好とあなたのそれはかなり違うものということです。つまり、あなたが教師の職に就いたとき、あなたは周りの教師の人と自分はかなり違うと感じるでしょう。逆に、周りの教師の人たちも同様にあなたに対して違和感を持つと思われます。だからこそ、あなたは改革をしたいのかもしれません。ここで言えるのは、そのことを覚悟して、教師の職に就くことを考えたほうがいいということです」と私はこたえました。

合っているからその仕事に就く。合っていないからその仕事は避けるという話ではないということです。教師志望の彼のように、合っていなくても、そこに自分が行う価値があると思えば、その道を進めばよいと思います。

R-CAPは、自分に合っている仕事がわからない人のために開発しました。すでに、やりたいことが決まっているのであれば、受検する必要はありません。その仕事に就くように行動すればよいのです。ただ、その仕事が本当に向いているのかどうか、もっと向いているのがあるのではないかと思えば、受検してもよいと思います。その際に、この職種でよいと思っているものが上位にあれば、「よし」と思って、一歩を踏み出せますが、そうでなければ、迷いが生じます。それでもその職種にこだわるのか、それとも他の職も考えてみるのか。いずれにせよ、機械的に自分に向いている仕事は決まるわけではありません。R-CAPもあくまで支援ツールです。

自分に合う仕事を探す4つの作業

R-CAPはひとつのツールですが、そのようなツールを使いながら検討していくことが、仕事選びの常道です。専門のキャリアカウンセラーや友人たちと議論しながら一緒に考えていくと、一人で考えているより考えが深まっていくことがよくあります。

アメリカでのキャリアカウンセリング、日本でのキャリア研修の現場をたくさん見ていますと、自分に合う仕事を探す作業には、王道があるように思えます。それは大きく分けて、次の4つの作業です。

ひとつめの作業：過去の棚卸し

ひとつめは棚卸し作業です。

自己理解と言ってもよいでしょう。自分が何者か知るために、多角的に棚卸しを行っていきます。成功体験。失敗体験。うれしかった経験。悲しかった経験。影響をうけた出来事、本、人。岐路に立たされたときに行った判断。強み。弱み。好きなこと。嫌いなこと。避けたいこと。得意なこと。不得意なこと。自分の性格。これらを棚卸ししていきます。棚卸ししていくうちに、自分がどういう人なのか、何をすれば幸せに感じる人なのかということがわかってきます。

しかしながら、自分のことはわかっているようで、わかっていないものです。ゆえに、両親や友人に自分がどう見えるのか聞いてみることは、試す価値があることだと思います。あなたが知らないあなたのことを他者はよく知っています。少なくとも、周りにはあなたがどう見えているのか知ることはできます。それが、自分が思っていることと違っても、重要な情報です。自己のイメージと他者から見えるイメージとは、たいていはギャップがあるものです。つもりの自分と他者にうつる自分のギャップです。採用面接の場では、他者があなたを評価します。どういうふうに見えているのかというのは重要な情報です。あるいは、働き始めれば、多くの仕事で他者と協働します。他者からどう見えているのか、働く上で、知っておいて損はない情報です。

他者から話を聞くのと並んで、R-CAPのようなアセスメントを活用することも賢明です。アセスメントでは、ある意味、客観的に自分をとらえることができます。あるいは、もともと思っていたことの言語化を助けてくれます。

たとえば、自分は、自分の周りに起こる出来事に対して自分が影響を及ぼしていると思っていても、それをうまく言語化することができないということがあります。しかし、ローカス・オブ・コントロールのテストを受けることによって、「内的統制」を持っていると言語化することができます。

言語化するということは、曖昧な概念に、ラベルづけするということです。そのことは、思考を促進するだけでなく、他者と話をする上でも役に立ちます。そして、他者と話をすることによって、その言語が持つ幅、深さ、つまり意味合いがわかってきます。いわゆる言葉の理解ということですが、言葉だけではなく、自己の理解も進みます。

自己理解については、就職する時期だけではなく、キャリアに迷ったとき、再就職の際、生涯を通して必要になりますので、専門カウンセラーやコーチのアドバイス、ワークショップ、アセスメントなど、多様な方法を通して、理解を深めていくことをお勧めします。

最近では、性格に関連する遺伝子検査のサービスもあります。研究はまだまだ現在進行中であり、結果を鵜呑みにはできないところもありますが、考え方は参考になると思われますし、自己理解を進める上では、役に立つツールのひとつであると考えられます。私自身、50歳を過ぎて受検しましたが、あらためて自分自身についての発見がいくつかありました。

そのうちのひとつは、幸福感に関するものでした。第3章で幸福感は遺伝子によって50%決まるという話をしましたが、私自身は、幸福を感じにくいタイプの遺伝子を持っていることがわかりました。自分では薄々と感じていましたが、あらためて言われると、遺伝子は変えられませんので、それなりの覚悟を持って生きないといけないと思いました。

なお、実験的に、ある会社で遺伝子検査を利用した自己発見ワークショップを行ってみました。ワークショップは好評で、あらためて自己理解が進んだという声を多数いただきました。たとえば、ある人は、遺伝子の結果から見れば、社交性や外向性は低いのですが、頑張って、明るく外交的に振舞っているということがわかったということでした。専門のカウンセラーを交えて話を進めていったところ、このままの調子で外交的に振舞っていくと、ストレスの負荷が大きくなりすぎ、メンタルヘルス不調に陥る可能性がありそうだということがわかってきました。周りの方からのアドバイスを含めて、もう少し本来の自分で振舞ってみようということになりました。遺伝子検査はまだ発展途上の技術ですが、検査をきっかけに、本来の自分というものを見つめるのには、非常によいツールのひとつと言えるでしょう。

ふたつめの作業：将来を描くこと

ふたつめは、将来の自分を描く作業です。この作業は難しいですが、意味のある作業です。10年後、20年後、30年後、いつでもかまいません、将来の自分の姿を思い描いていきます。真面目に考えると難しいですが、小学生でも将来の自分の作文を書くわけですから、精度はともかく、作業を行うことはできます。

大事なことは、将来を考えようという姿勢です。人は、つい目の前のことに夢中になりがちです。なので、目の前に向けている視線を、少し顔を上げて、将来へ向けることに意味があるのです。思いっきり理想を描いてみることもよいでしょう。誰かに見せる必要はありません。仕事だけではなく、生活全般のことも考えてみましょう。結婚するパートナー、子供、住む家、趣味、休日の過ごし方、地域との関わり方も含めてよいでしょう。富を蓄えることや有名になることや社会的な地位を獲得することなど、野心的な夢を持っているのであれば、それはそれで一度、出し切ってしまうのがよいでしょう。

次に、なぜ、それが自分にとって理想なのかを考えてみましょう。そういう生活をしている自分が心地よいという話もあれば、そういう自分を他者に見せたいからということもあるでしょう。自分の中にある欲求を表に出すと言う意味で、将来の夢、理想の生活というものを考えてみましょう。そして、それが自分にとって、どういう意味があるのか、ということも探索してみましょう。

第1章で「漁師とビジネスマン」の話をしました。漁師もビジネスマンも毎日、子供たちと遊んで、妻と昼寝をして、村の仲間と飲み、歌い、踊ることを理想の生活とおいています。本当にそういう生活がしたいのか、そうしたときに、自分にとって生きる意味は何なのか。あるいは、なぜ十分に豊かな人でも仕事をすることを選んでいるのか、ということを考えたほうがよいでしょう。

理想の生活を考えるとともに、仕事に関することも考えてみましょう。人生における仕事の位置づけ、仕事の中心性とよんでもよいでしょう。それはジョブ、キャリア、コーリング、どれに当たるでしょうか。自分に合っている仕事を考えるに当たって、自分にとっての働く意味とは何なのか、一度、深く考える必要があるでしょう。第1章から第3章まで、「働く」ことに関する話をしてきましたが、まさに自分に合う仕事を考えるための視点提供を意図しました。人にとって、「働く」というのはどういうことなのか、それが幸福にどうつながっているのか、ということを考えるための材料として活用していただくことが、長々と書いた狙いです。

人生において仕事をどう位置づけるかは自由ですが、前述したように、仕事そのものを天職（コーリング）とみなしている人が仕事満足、健康という観点で最も高い得点であることがわかっています。将来を描く際には、理想とする働き方、働くことによって得ようと思っていること、没頭できそうなこと。そして、社会の中で、自分が与えられている役割。つまり、天職（コーリング）の見つけ方について考えてみましょう。自己理解をする上でも、自分の将来を描く上でも重要な概念です。

天職を見つける方法

面白法人カヤック社長の柳澤大輔氏が、自身のブログで「天職の見つけ方」について述べています[5]。柳澤氏によると、「その人にとっての天職とは、その仕事を通して、その人に多くの気づきを与えてくれるものである」ということです。

カヤックの経営陣は、毎週3時間、速読の訓練をしています。訓練を開始して1年ほど経って、速読術を身につけた人は経営陣15人中2人だったとのことです。その2人と他の人の違いは「気づき」の差でした。訓練中に、微妙なことに気づけたかどうか、ということがのちのちに大きな差になっていきます。そして、多くの「気づき」が得られた2人が他の領域でも多くの気づきがあるのかというとそうでもないということでした。つまり、人によって、気づきが多い分野とそうでない分野があるということです。そして、気づきが多いことを天職にしてしまえばよいということです。

気づきが多ければ、学びも大きいです。学びというのは、楽しい行為です。昨日までできなかったことができるようになれば、自尊心が高まり、効力感も高まります。楽しい気分になれます。うまくいかないときには苦しいですが、苦しいことを乗り越えてできるようになると達成感に包まれます。周りの人も賞賛・尊敬してくれます。「すごいねぇ」と。当然、うまくできるようになれば、業績も上がります。

問題は、自分にとって気づきが多いことが何であるのかということがわかるか、ということです。偶然に見つけられればよいですが、実はなかなかわからないことが多いです。また、それは人と比較してみなければわからないということです。

学校の教科に関わることであれば、成績が明確にわかるので、得意かどうかは容易に判断できます。数学の問題を解くことは面白くて、どうすれば解けるようになるのか、考えることは好きであり、問題を解いているときに気づきが多く、成績も平均よりも上ということであれば、それは得意なことと認識しやすいでしょう。

しかし、学生時代において、仕事に関係する領域の中で気づきが多いかどうかを判断する経験は限られています。そういう意味では、実際に働いてみないことには、何が天職かわからないとも言えます。また、気づきが多いとわかっていても、それが直接、仕事につながるかどうかわかりません。速読に関して気づきが多いとわかっていても、それは何の仕事につながるでしょうか。なかなか難しい問いです。もちろん、速読がうまければ、多くの知識労働に役に立つことは間違いありません。

NHKの「プロフェッショナル　仕事の流儀」は、毎回一人のプロフェッショナルに光を当てて紹介する番組です。出演する方々は、天職を見つけた人たちと言ってよいでしょう。仕事に向かうスタンス、仕事の仕方は真似できないと感じることも多々ありますが、学べることも多いと感じます。様々な出演者がいますが、天職の見つけ方も様々です。

2014年11月24日放送の出演者は、桜花学園高等学校の井上眞一監督でした。桜花学園女子バスケットボール部は、全国大会（インターハイ、全国高等学校バスケットボール選抜優勝大会、国民体育大会）で60回以上（TV放映時）も優勝しており、その立役者は、まぎれもなく監督の井上氏です。井上氏は、大学卒業後、医療機器の会社に就職しました。しかし、その会社でやりがいが見出せず、わずか3カ月でその会社を辞めています。

「特にやりたいことがあって、その会社に行ったわけじゃないんです。残業が毎日のようにあったということに関して、自分の時間を無駄にしていると感じた」と井上氏は述べています。それから、地元の愛知県に戻り、教員になっています。そこで、たまたまバスケットボール部の監督になり、強いチームをつくることにのめり込んでいきます。

たまたまやってみたバスケットボール部の監督という仕事が天職であったという話です。初職の仕事はあっさりと見切りをつけています。就職する前から、その予感があり、実際に就職してみて、やはり意味が見出せなかったということです。初職に固執せず、肩ひじをはらずに、なんとなく気になった仕事、声をかけられた仕事を行っていくうちに、のめり込み、気がついたら、天職になっていたという事例です。

2008年1月8日放送の出演者は、すし職人の小野二郎氏でした。日本屈指の寿司の名店「すきやばし次郎」のすし職人である小野氏は、2014年秋の褒章で、黄綬褒章を受章しています。

小野氏が7歳のときに、昭和恐慌が起こり、父の収入が激減。その結果、奉公に出されています。奉公先は、地元静岡の料亭です。丁稚奉公として、小学校に通いながら、掃除、皿洗い、出前をして、毎晩遅くまで働きました。決して器用なタイプでない小野氏は、どなられてばかりいました。「おまえはもう要らないから帰れと言われましたが、帰るところがないんですよ。怒られてもゲンコツ食らっても、いなきゃしょうがない」。その後、努力を積み、研鑽を重ね、寿司職人として名人と言われるようになりました。小野氏は、仕事を次のように見ています。

「この仕事が合わないとよく言いますが、合わないのではなく、自分を仕事に合わせるのが肝要。一所懸命にやっていれば、だんだん仕事が好きになって、その仕事に惚れ込んで、いろいろ考えて、自分が前に行こう、前に行こう」とするかどうかが大切で、要は自分の気持ち次第であると述べています。「これが天職だと思えば、その仕事は好きになりますよ」とも言います。

井上氏の話、小野氏の話。どちらも天職をいったん見つけてしまえば、のめり込むように努力、研鑽すればよいのだという話です。どちらも仕事に惚れ込み、どうすればもっとよくなるのだろうということを考え、試してみて、うまくいけばそれを続けるし、うまくいかなければやり方を変えるということの繰り返しを行い、より高みにのぼっていくという話です。

ただ、井上氏は、最初に就いた仕事をあっさりと辞めています。一方で小野氏は他に選択肢がない中で、寿司職人という仕事を究めていっています。天職に出会うために、「より合う仕事を見つけるために動いてみる」「今やっている仕事にこだわり、追究してみる」。ふたつのやり方の典型例が示されていますが、どちらが正しいでしょうか。

天職を探すことをあきらめない

一般論として、石の上にも3年。とりあえず、向いているか向いていないかわからないのだから、とりあえず3年ぐらいやってみたら、と若者にアドバイスすることが少なくありません。しかし、それは一般解であり、その人に合っているのかどうかは別です。こたえがないというのが最も親切なアドバイスと言えます。合っているのか、合っていないのか、その仕事を究められそうか否か、自分で感じ、自分で考え、自分で選択していってください、と言うしかありません。

焼肉と寿司、どちらが美味しいでしょうかという質問に似ているかもしれません。あなたが好きなほうを選べばよいでしょう。その選択は、人に委ねることはできません。言えることは、焼肉か寿司かを選択できる自由に感謝しなさいということです。

江戸時代であれば、多くの人は職業を選べませんでした。親の仕事を継ぐか、丁稚奉公先で頑張るか、どちらかがほとんどです。前述の小野氏のように、丁稚奉公先の仕事に懸命に取り組むことで、やっている仕事を天職と感じることもあると思いますが、そうでない人もたくさんいたことでしょう。現代では、やっている仕事に意味を見出せず、成長感もなかったとしたら、仕事を替えることができます。その自由に感謝しましょう。

さらに言えることがあるとしたら、天職を追求することをやめないで欲しいということです。どんな人でも何か向いていることがあるでしょう。そのレンジが広い人もいれば、そのレンジが狭い人もいます。しかし誰にでも何か向いていることがあるはずです。向いていないと思っている職業でも、自分が得意と思える、あるいは楽しいと思えるタスクがあるはずです。逆に、向いていると思っている職業でも、つまらないと思えるタスクがあります。

たとえば、大学の先生の中で、研究は好きだけれど、教えるのは苦手。あるいは、その逆ということはよくあります。あるいは、営業という職業が好きで天職だと思っている人にも、いろいろなタイプがいます。お客様にお役に立てることがうれしいと思う人もいれば、営業戦略を考えて実行をすることが楽しいと思う人もいます。あるいは、自分が気に入った商品を多くの人に届けたいという人もいれば、目標を達成するこことに快感を覚えている人もいます。また、営業は好きで向いていると思っていても、伝票書きが苦手、営業戦略を描くのが不得意、大勢の前でのプレゼンテーションはうまくなる気がしない、ということがあります。

つまり、職業というのは、タスクの集まりであり、好きなタスクもあれば、嫌いなタスクもあるということです。そうすると、個人としては、なるべく自分が好きなタスクが多い職業を選ぶとともに、同じ仕事をしていても、好きなタスクを増やし嫌いなタスクを減らす、あるいは他の人にやってもらうこと、つまり、自分の裁量で仕事の仕方を変えて、より自分に向いた仕事を行っていくことができるということを知っておいてほしいと思います。

以上の話から言えることは、若いうちから多様なタスクを経験し、その経験を自分なりに評価していくことが必要だということです。このタスクは得意、好き、楽しい。このタスクは苦手、早く終わらないかな、という感覚を大切にすることが肝要です。経験せずになんとなくイヤということは避けたいところです。やってみたら、意外と楽しいこともあります。一方で、気をつけてほしいことは、少し経験してすぐに向かないと決めつけないことです。やってみるうちに、少しずつのめり込むということもあります。

タスクの話をしていますが、私たちがやってみたいと思うのは、タスクそのものだけではないでしょう。タスクの周りにあることが実は大きいかもしれません。タスクは今ひとつだけれども、職場の人間関係がよいから続けたい。憧れの先輩がやっているから私もやってみたい。給料がいいからやってみる。みんながあこがれているからやってみる。不純な動機でもかまいません。まずは、やったことがないことをやってみる、気になる仕事はやってみる、というスタンスがよいと思います。

いずれにせよ、仕事経験を積むことで、自分がわかっていきます。こういうタスクはあまり好きではない。あるいはこういう職場が好きで、こういう職場は好きではないということがわかってきます。まず、行動、そして行動を通して感じたことを反すうしながら自己理解をしていくということを、若いうちからやっておくことを勧めます。

「Will」「Can」「Must」という視点

リクルートでは、R-CAPをリリースした1998年頃から、「Will」「Can」「Must」という視点でキャリア開発を行っています。当時から今日に至るまで、上司と部下間のコミュニケーションツールや目標設定ツールを考える際の視点として使用しています。仕事のアサイメントを決める際にも使いますし、長期のキャリアを考える際にも活用します。3つの視点の意味合いは以下の通りです。

Will：本人が実現したいこと
Can：活かしたい強みや克服したい課題
Must：能力開発につながるミッション

この3つは、シンプルで、わかりやすい問いです。「Will」の中には、意義や欲求が入っています。「Can」は、能力です。今はない能力でも、いずれ開発したい能力もこの中には含まれます。仕事をしながら、培っていけばよいものです。そして、仕事ですので、「Must」が入ってきます。組織の中で、ある役割を担うわけですから、やらなければならないことがあるはずです。ある種の制約条件です。シャインやマイケル・アーサー（Arthur, M. B.）などのキャリア論の研究者が言及していなかった観点ですが、実践を考える上では重要な観点と思われます。

キャリアを考えるということにはある種の制約条件があるものです。制約条件は、いろいろです。たとえば、必要な年収、住む場所、勤務先、働く時間などです。家族がいれば、自分だけの都合でキャリアは決められません。現実には、家族の都合と自分の都合をあわせて総合的に考えることが必要になります。

あるいは、実際に行っている仕事の中には、楽しいタスクとそうでもないタスクが入り混じっているのが普通です。営業職が向いているし、楽しいと思っていても、楽しくないタスクはたくさんあります。会社によっては、毎日、日誌を書かなければならないですし、交通費伝票も書かなければなりません。お客さんと交渉するのは楽しくても、資料をつくるのは億劫ということもあります。新しい提案を考えるのは楽しくても、全体の営業設計を考えるのが苦手ということもあります。つまり、天職と思われる仕事の中にも、現実にはあまり楽しくないことがたくさんあるということです。それが「Must」を考えるということです。

実は、「Must」から考えることが得意な人がいます。自分では何をすればよいのかわからないけれど、組織や周りから要請されるとやるということです。日本企業の中には、指示を待っている「Must」人間が多いとも言われています。なので、あまり「Must」を強調することには抵抗があります。要はバランスです。「Must」にとらわれて動けない人にとって、そもそも何がしたいのかという「Will」を考えることは必要であると思われます。あるいは、「Must」を疑ってみるということが必要です。そのタスクが本当に必要か、その年収は本当に必要か、というようなことです。

大きなキャリアチェンジを考えるときには、「Must」の呪縛をとくことがひとつの鍵です。専攻が理系だから理系職種へというのは呪縛ですし、友達がみなバリバリと東京で働いているから私も東京で働くのだというのもひとつの呪縛です。暮らすためには、年収は８００万円ないといけないというのも呪縛です。本当に必要な生活経費を計算すると、意外と少額ですむことがわかります。そうすると、キャリアの選択肢が広がることがわかります。

いずれにしても、「Must」の視点を考えると言うのは、現実的なキャリアを考える上で大事な作業です。

「キャリア選択の基準」と「ライフワーク」という視点

そうは言っても、将来を考えるというのは難しい作業です。何を選んでもよいわけですし、わからない要素も多すぎるからです。ひとつの逃げ道は、キャリア選択の基準を決めるということです。右に行くのか左に行くのか迷ったときに、選択する基準を決めておくのです。

ただし、キャリアの選択基準を決めるということは、将来のキャリアデザインをする上では受動的といえるので、積極的にデザインするという観点では、ライフワークを考えるというやり方があります。死ぬ前に成し遂げたいことを考えるといってもよいでしょう。

第1章で「歴史に名を刻みたい」という話をしましたが、何かを成し遂げて、人々に知ってほしいということは、私たちの働く動機のひとつに間違いありません。そうしたときに、成し遂げたいことは何かを考えることが、自分がこれから行う仕事を考える際には、あるいは自分の将来のキャリアを考える上では、大きなヒントを与えてくれるのではと思われます。

ただ、いきなりライフワークを考えてくださいというのは難しいので、たとえばワークショップでは、「自分の死亡記事を書く」ということを行うことがあります。実際に死亡記事を書いてみるとわかりますが、これまでの主な学歴、職歴とともに、これからの職歴なども書く必要があります。しかも、客観的な視点での業績を書く必要があります。世の中に何を貢献してきたのだろうか。これから、何を貢献していくのだろうかという視点です。私自身は、アメリカにいたときに、その作業を行い、日本に戻ってから自分でキャリアに関するビジネスを行うことを決めました。

「自分の死亡記事を書く」ことと同じように、「自分の弔辞を書く」ということをワークショップでやることもあります。弔辞では、故人の人柄とそれにまつわる具体的なエピソードが述べられます。通常、故人らしいエピソードが語られます。自分の葬式で、誰が何のエピソードを語るだろうか、想像してみてください。友人によって、語ることが違うかもしれません。その場合には、複数の友人を思い浮かべて、彼らが何を語るのか考えてみてください。他人の目を通して、自分を見るという疑似体験です。ライフワークは語られないかもしれませんが、自分らしさの何かが見えてくることもあるでしょう。

「死亡記事」を書くにしても「弔辞」を考えるにしても、不謹慎と思われるかもしれません。しかし、あえて行うことによって、死ぬまでにやりたかったことや生涯かけて行いたいライフワークが見えてくることもあります。時間はかかりますが、お金が関わるわけではありませんので、今後のキャリアで迷ったら、一度トライしてみる価値はあると思います。

自分の将来を描くこと、あるいはライフワークという考え方は、自分のキャリアを考える上で大変重要な概念と思われますので、第6章で、もう少し詳細に触れていきたいと思います。

3つめの作業：仕事、会社、業界を知ること

自分に合う仕事を見つけるための3つめの作業は、仕事、会社、業界を知ることです。自分自身や自分の将来の方向性が見えてきても、それだけでは職に就くことはできません。自分の性格や得意なことがわかることとそれが実際に活用できる仕事があるかどうかは、別問題です。

また、得意なことを活かせる仕事がわかったとしても、とても人気がある仕事で倍率が高ければ、就職できないこともあります。あるいは、スポーツや芸術系の仕事は、自分の能力を活かせる仕事としてわかりやすさを持っていますが、きちんと稼げる人は一握りです。うまくいけば、自分の天性を活かせますし、脚光を浴びることができますが、そうならないリスクも大きい仕事です。無邪気に選べる仕事ではありません。

仕事研究、会社研究、業界研究は、その専門の書籍や雑誌があります。就職活動をするのであれば、就職活動に入る前に一通り見ておいたほうがよいでしょう。世の中には、知らない仕事、会社、業界はたくさんあります。興味のある仕事、会社、業界だけではなく、社会勉強のつもりで、全体を概観することをお勧めします。

就職の人気企業ランキングを見ていると、認知度が高い会社ばかりが並んでいます。コマーシャルを多く流している会社や航空会社、金融関連の会社など、生活者が目にすることの確率が高い会社といえるでしょう。それらの会社を否定するつもりはありませんが、人気企業ですから、当然、応募者が多数あり、就職は難関でしょう。就職難易度が高い会社に行くことが、自分にとって、幸福になるのかどうかはよく考えたほうがよいと思われます。前述したように、「いい大学に入って、いい会社に行く」という成功の

モデルは崩れつつありますし、人気企業がいい会社かどうかということもよく考えたほうがよいでしょう。

「いい会社とは何か」という視点

自分に合うかどうかという視点は一度棚上げにして、どんな会社がいい会社というものかを考えることは、検討に値します。元法政大学の坂本光司氏が『日本でいちばん大切にしたい会社』で紹介しているように、日本には、知られていないけれども素晴らしい会社は、たくさんあります。

あるいは、鎌倉投信やコモンズ投信のような、長期保有を信条にした投資信託会社がポートフォリオに組み入れている会社も参考になります。たとえば、鎌倉投信では、「いい会社」を「人」「共生」「匠」という3つの視点から見ています。21世紀に持続的に発展していく会社として、プロの目から選んでいます。ポートフォリオに組み込んでいる会社には、著名でない会社もあります。小さいけれどもニッチな分野で世界的なシェアを持っているような会社です。就職活動に入る前に、どのような会社があるのか見てみるのも価値があることです。

いい会社には、共通するところがあります。私自身、会社の同僚といい会社に関する研究を行いました。3年ほどかけて定性調査、定量調査を行いわかったことは、拙著『「いい会社」とは何か』にまとめました。長寿で持続的に成長していく会社には、4つの条件があります。

① 時代の変化に適応するために自らを変革させている
② 人を尊重し、人の能力を十分に生かすような経営を行っている

③長期的な視点のもと、経営が行われている
④社会の中での存在意義を意識し、社会への貢献を行っている

この4つの条件は、ひとつの目安です。しかし、自分が就職を考えている会社をこういう条件で見たときに、いい会社度合いがどの程度なのかというようにも使えます。もちろん、自分独自に選択の軸をつくることもできます。「成長させてくれる会社」や「尊敬できる先輩がいる会社」や「経営者の理念に共感できる会社」というようなものでもよいと思います。自分として大事な選社の条件を考えてみましょう。

仕事でなく会社のことを中心に触れましたが、本意ではありません。繰り返しますが、会社も大事ですが、それ以上に、何の仕事をするのかということが大事であると思っています。会社はいいのだけれども、仕事そのものが合っていないと、結局もったいない時間を過ごすと考えられます。また、長い仕事人生をひとつの会社で過ごせないリスクを考えますと、天職として誇れる仕事領域をつくっていくことが求められていると思われます。

気になる仕事は学生時代に試してみよう

繰り返しになりますが、実際にやってみないと、合っているのか合っていないのかわかりません。そういう意味では、気になる仕事は、学生時代に試しておくことをお勧めします。

私の知人で、音楽が好きな人がいました。音楽業界で働くのはどうかと思って、ＣＤ販売店でアルバイ

トをしました。そこでふたつのことに気がつきました。

ひとつは、自分が好きな音楽が偏っているということです。販売店では自分が好きでないアーティストも扱わざるをえませんし、それを販売するための企画を考えなければいけません。好きでもないアーティストのプロモーション企画は、自分にとって苦痛であり、楽しくない仕事になりました。また、音楽は好きですが、そこで自分が何の貢献をすればよいのか見えないということもわかりました。結局、他の仕事のほうが、自分が関わり、社会に対して貢献できそうだということがわかり、実際の就職は、その夢が実現できるほうを選びました。

その仕事が好きだ嫌いだということへの考慮も必要ですが、そこで自分が成し遂げたいと思えること、つまり自分にとって意味があると思える仕事が仕事選びの選択軸であったという話です。

心が揺れることで自分を知る

仕事、会社、業界を知ることで、むしろ自分のことがわかるということがあります。ある仕事に惹かれたり、ある会社に心地よさを感じたりする、そういうことがあるのです。自分は、そういうものを求めていたんだと発見する瞬間です。キャリアを考える際には、そういう感情の揺れを大事にして、なぜ心が揺れているのだろうと自問することが天職に近づくことではないかと思われます。

天職は、外からの刺激によって誘導されるのか、内なる声によって導かれるのか、アカデミックの世界では議論されていますが、現実には、外と内の相互作用だと思います。実際の仕事の現場を見ることで、自分がやりたかったことはこれだ、と感じる瞬間はあると思います。だから、実際にやってみる。やっている人を見てみる。そして感じてみる。そして、何を感じたのか、内省してみる。そういう作業が、自分に合う仕事を見つけるためには、必要な行動であることがわかります。単に自己分析、会社研究、仕事研究をするだけでなく、しっかりと行動し、感じることが大事だということです。

向いている仕事を見つけるために、10年ぐらいかかることもあります。20代のときに、3つぐらいの違う仕事をしてみて、何が向いているのか考えるのもよい方法だと思います。違う仕事をすることで、これだけはしたくない、この仕事のこういうところが面白い、こういうのは比較的得意である、ということがだんだんわかってきます。そういう意味では、20代のときには、自分の可能性を比較的オープンにしておいて、いまは探索期間であると考えてもよいでしょう。

ただし、10年かかっても見つからないということもあります。それでも焦る必要はありません。こういうことは好きなんだな、こういうことは得意なんだと感じ続けることが大事です。人生は長いのです。ゆっくりと見つければよいですし、見つけられなくても、目の前の仕事に意味づけができればよいのではと思われます。また、合わないと思っていた仕事も合うようになっていくこともあります。

4つめの作業：明日やることを決めること

4つめの作業は、明日やることを決めることです。自分を理解し、将来を構想し、仕事・会社・業界を理解すると、自分に向いている仕事が見えてくることもありますが、たいていは見えてきません。しかしとにかく、明日からやることを決めます。

気になる仕事があれば、それに就いている先輩を訪ねてみる。気になる仕事もわからなければ、アセスメントを受けてみる。キャリアカウンセラーに相談してみる。尊敬する先輩を訪ねてみる。仕事に関連する本を読んでみる。何らかのアクションが必要です。前述しましたが、宝くじは買わなければ当たりません。祈っているだけではダメなのです。

まずは動いてみる。動くのは億劫ですし、人によっては苦手意識がある人がいるのもわかっています。しかし、そういう人こそ、まさに動くことが必要な人です。誰かが、自分の才能を見出して、声をかけるということを期待したいところですが、実際にはあまりありません。ゆえに、手を挙げる必要がありま す。これをやらせてくださいと。そのことは、私自身が諸先輩にいつも言われていました。「自分で手を挙げよ」と。

誰かが才能を見出し、声がかかるということはほとんどないと言いましたが、たまにチャンスが訪れることがあります。自ら手を挙げてチャンスを呼びこむこともありますが、何らかの偶然によって、チャンスがやってくるのです。

上司やクライアントからの「ちょっとやってみないか」であったり、やりがいのあるポストへの異動であったり、発表大会やオーディションであったり、いろいろな形で訪れます。そして、そのチャンスを活かすことによって、可能性は広がります。しかし、一般的に人は、そのチャンスに無頓着であることが多いのです。思ったよりもチャンスはたくさん来ません。それゆえ、そのチャンスをものにするための準備が必要です。準備万端でもうまくできないのに、準備不足ではあればなおさらです。もったいない話です。

ただ、自分にとって、意味がないことを準備していても仕方がありません。何を目指し、何の準備しておくのか、そしてその準備を行う。そういうことも明日から行うことです。そういう意味で、何を目指すのかということは、やはり、キャリアを積んでいく上では、大事な概念です。大まかな方向性でもよいので、決めておかないと動けないということになります。

＊＊＊

数年前、親戚の学生の就職相談を受けました。「やりたいこと」「強み」を聞きながら、働くイメージを持たせ、次へのアクションをアドバイスしました。その後、うまく就職することができましたが、彼はキャリアを考える際の基本的なステップがよくわかっていませんでした。彼は有名私立大学に在籍していて、そこは日本の大学の中でも最も就職指導に力がはいっている大学のひとつであるにもかかわらず、よくわかっていませんでした。

それは彼だけの問題ではありません。多くの学生が、就職活動をどう進めていけばよいのかわからず、悶々としています。悶々としているだけでは前に進めません。そういう観点で先の「自分に合う」仕事を探す基本のステップについて述べました。

「考えてもわからない、ゆえにとりあえず働け」というのもひとつの論理です。しかし、キャリアを考えるための基本的なステップを提供する。そして、実際にそのステップを実行するための機会をもっと提供してもよいと思います。それでも、若者は早期に離職をすると思いますが、それはそれでよいと思います。3年で3割の若者が離職することは、悩ましいことではなく、むしろ、よいことだと思います。実際に仕事をやってみる。頑張ってみる。それでも合わないのであれば、会社を辞めて次の機会を探索しにいけることは、人が適応する上でも理に適った行動です。

一方で、「どこで働いても、誰と働いても楽しめるように」という論理もあります。そもそも、人は、その歴史を振り返ると、職業を選べる余地はあまりありませんでした。多くの人は、長い間、狩猟採集するか田畑を耕すかのどちらかでした。だから、「つべこべ言わず、とりあえず働き、そこで楽しみを見出せよ」という理屈です。すし職人の小野氏が言っている話です。理屈としては正しく、現実的にそう思って働いている部分もあります。私自身も10年以上働くことが珍しいリクルートで30年間も働いています。

合っているとも言えるし、合うように環境に働きかけもし、適応していってるとも言えます。

先ほども言いましたが、「仕事を自分に合うようにデザインしていく」という考え方です。幸い、多くの仕事は、アウトプットは求められていますが、やり方については任されています。ときには、アウトプットも、組織の方針に沿っていれば、自分で設定できます。としたときに、この仕事は向いている、向いていないという議論は、ナンセンスになります。より自分に向いているようにデザインし直せばよいという話です。

ということで、次章では、自分の居場所を確保し続けるという観点で、仕事を自分に向いているようにデザインし直すということに触れていきたいと思います。

注

(1) たとえば、第一生命「第29回『大人になったらなりたいもの』調査」、アデコ「『将来就きたい仕事』に関する調査」。

（2）２０１９年1月現在は、通常価格４２００円。
（3）適職診断の理論的背景は、20世紀初頭のフランク・パーソンズまでさかのぼります。パーソンズは個人の特性は個人によって違い、同様に職業に求められる要件も個々の職業によって違い、両者の特性を測定することができれば、両者の適合の程度も測定することができると提唱しています。第二次世界大戦中のアメリカでは、軍人を対象に適材適所の配置を行うことを目的に、パーソンズの理論が使われました。
その後、心理学者かつ職業カウンセラーであったジョン・ホランドは、職業における行動をパーソナリティの一つの表出形態としてとらえ、同じ職業に就いている人々は似たパーソナリティを持っており、その職業への満足と業績は、パーソナリティと働く環境との一致の程度に依拠することを提唱しています。

アメリカの最も古い心理検査のひとつで、現在でもキャリアカウンセリングをする際に最も使われているアセスメントに、ストロング興味検査というものがあります。実際にその職業に就いている人の職業興味、趣味嗜好を多角的に測定し、そのデータベースと受検した個人の職業興味、趣味嗜好との一致度を測るものです。大きな構造は、R–CAPの適職診断と同じようなつくりをしています。そのような理論的背景や心理検査を参考に、R–CAPを開発しました。
（4）シャインのキャリア・アンカーは、年々、その数も変化させています。最新版の『パーティシパント・ワークブック　キャリア・マネジメント―変わり続ける仕事とキャリア』では、８つとなっています。
（5）面白法人カヤック社長日記 No.18「私が独自に発見した、一番ラクな天職の見つけ方。」（https://www.kayac.com/news/2016/11/yanasawa_blog_vol18）。

5 自分の居場所を確保し続ける

居場所を持つ

仕事を通して、「生き残る」ことと「幸福になる」ことを両立させようと思ったとき、「自分に合っている仕事を選ぶ」こと以上に必要なのは、自分にとって居心地がよいと思える「居場所がある」ということです。ほとんどの仕事は一人で完結するものではありません。仕事をする仲間や同僚、取引先、お客様、様々な人と関わりながら行います。その中で、自分に期待される役割があります。そして、その役割があることで、私たちは生き残ることができ、そのつながりによって幸福を感じることができます。

30代後半に、メンタルヘルスの病にかかったときの一番の恐怖は、自分の存在意義がなくなるのではないかということでした。会社でもそうでしたし、家庭でもそうでした。

前述したように、会社の上司や同僚には、優しく、あたたかく支援をしていただきました。しかし、意欲の絶対量が病気前と比べて格段に落ちているわけですから、会社に対して貢献できることも限られていました。貢献もあまりしていないし、会社から求められていないという状態が長く続きますと、社会にとって自分はいらない存在ではないかという恐怖心が湧いてきます。精神が病んでいたわけですから、周りの人から大丈夫だよと言われても、一日に何度も恐怖感に襲われます。

気力が落ちている。だから、いい仕事ができない。ゆえに、会社の役に立っていないと感じる。そして自分の存在意義を疑うようになってくる。それゆえ、もっと気力が落ちてくるという悪循環に入り込みました。

ノーベル平和賞を受賞したマザー・テレサは、「この世で最大の不幸は、戦争でも貧困でもありません。人から見放されて、自分は誰からも必要とされていないと感じることです」という言葉を残しています。

自分の居場所を持つとはどういうことでしょうか。

富永幹人氏、山田梨紗子氏の研究によると、

組織から自分が必要とされている感覚の「役割感」

自分が受け入れられている感覚の「被受容感」

居心地がよいと感じる「安心感」

ありのままの自分でいられるという感覚の「本来感」

という因子に分かれることがわかっています。

日々生きていく中で、誰かから必要とされていること、自分が受け入れられているという感覚、居心地がよいと感じること、そしてありのままの自分でいられるという感覚、そういう感覚が持てることは、人にとって大事です。それは仕事の面だけではありません。家庭、学校、同好会、NPOなどのコミュニティを含めて、居場所は、生涯にわたって必要であり、生きている意味や働いている意味、幸福感を与えてくれます。

仕事する環境を整える

居場所を確保するための最初のステップは、第4章でお話ししたように、自分に合う仕事や職場を選ぶことです。

しかし、実際に、自分に合う仕事かどうかは、働いてみないとわかりませんし、100%完璧に合っているということはまずないでしょう。ある部分は合っているけれど、他の部分は合っていないということが普通です。また、最初は合っていたと感じても、取り巻く環境は変化していきます。一緒に働いていた上司や同僚が異動するということもありますし、技術革新の結果、仕事の仕方を変えていく必要があるかもしれません。

しかしながら、そのことを悲観しても仕方ありません。周りに働きかけて、仕事をする環境を整えていくことが自分にとって居心地のよい居場所の確保につながります。

たとえば、新しい部屋を借りたときに、お気に入りの家電や自分らしいインテリアを揃えてみます。そうすると、初めは馴染めなかった部屋に徐々に慣れていきます。そして自分にとって、自分らしい空間、居心地のいい空間になっていきます。仕事も同様に、周りに働きかけて、環境を自分に合うように変えることができます。このように、自分に合うように仕事をデザインしていくことをジョブ・クラフティングと言います。

ジョブ・クラフティングは、エイミー・レズニスキー（Wrzesniewski, A.）とジェーン・ダットン（Dutton, J. E.）が広めた概念ですが、一言で言うと、「仕事の内容」や「職場における人間関係」や「仕事の意味合い」を自分の望むように組み直すことです。

たいていの「仕事の内容」というものは、決まっています。しかしながら、自分に合わせて、変える余地はあります。組織側から見ると、組織の目標を達成することこそが重要なのであって、組織側からアサインされた仕事を粛々と行うことを望んでいるのではありません。経営者や上司は、組織の目標を達成するために、メンバー一人ひとりを見ており、メンバーの強みに応じて仕事をアサインしていきますが、そこには限界があります。よりよい仕事のやり方や自分が楽しめるやり方は、自分で工夫したほうが、仕事の満足感は高まり、業績が上がると考えられます。

仕事は多くのタスクの集まりです。自分にとって得意なタスクもあれば、不得意なタスクもあります。ゆえに、前述したように、仕事の中身を、なるべく自分が得意と思われるタスクに集中させ、不得意と思われるタスクの割合を減らし、場合によっては、それが得意と思っている同僚にやってもらうということもできます。

そういう工夫をすることにより、仕事は「やらされ感」での仕事ではなくなります。自分で考えたやり方ですから、仕事に対するコミットメントは高まると考えられます。

同様に、「職場の人間関係」や「仕事の意味合い」も変えることができます。

病院の清掃員の事例です。

レズニスキーが清掃員にインタビューしたところ、大きくふたつのグループがあることに気がつきました。ひとつのグループは、必要な仕事を最小限に行い、話をする人もなるべく少なくしているグループです。彼らは、清掃そのものがあまり好きではなく、スキルも低い人たちでした。もう一方のグループは、自分ができる仕事はなるべくたくさん行い、患者さん、お見舞いに来る人、医者や看護師などのスタッフと頻繁に話をする人たちでした。彼らは、仕事が大好きで、清掃を楽しんでおり、高い清掃技術を持っていました。

前者のグループは、自分の仕事を単なる清掃であると思っています。一方で、後者のグループの人たちは、自分の仕事を、患者を癒すための大事な仕事であると思っています。患者の病気を早く治すことが、その病院の使命であり、自分がその大事な役割の一端を担っているという意識を持っています。なので、積極的に患者や病院スタッフに話しかけ、より円滑な運営の支援を行っているという意識を持っているのです。

「仕事の意味合い」を変えることは、認知の問題ですので、変えようと思えばすぐに変えることができます。しかしながら、実際には、変える機会がなければ、なかなか変えることはできませんし、仕事の意味を違う角度から考えるというのは、一人で考えるのは難しいことです。少し時間をとって、他の人と話をしながら、見つけていくことなのかもしれません。

ワークショップなどを通じて、あるいは、コーチングやカウンセリングを受けることで、仕事の意味を考えてみたり、再解釈することが多いかもしれません。仕事の意味を考える上で、他者からの質問は有効な手段です。

「そもそもなぜその仕事をやろうと思ったのですか」

「その仕事は、どのように社会に役に立っていますか」

「会社が実現したいことに対して、あなたはどのような貢献をしようと思っていますか」

「その仕事をやっている意味は何でしょう」

というような質問に対するこたえを考えるという作業を通して、仕事の意味をあらためて考え、再構築できるのではないかと思われます。


あるマンション管理会社でワークショップを行ったときの話です。

マンション管理会社の警備員や清掃員がそのワークショップに参加していました。どうすればもっとよい仕事ができるだろうかというのが、そのワークショップの目的でした。その会社では、日常的に警備員と清掃員は互いに話をすることはありません。ただ、互いに気がついていることはたくさんありました。風が強い日は、朝に清掃をした後でも葉っぱがロビー内に入ってくることがよくありましたが、警備員は見てみないふりをしていました。あるいは、鍵を忘れて右往左往しているマンションの住人を、清掃員は見てみないふりをしていました。

ワークショップで議論したときに、互いに日常的に話ができれば、よりよいサービスができるのではないかという話になり、日常的に、必要があれば互いに話をする関係になりました。そして、警備員と清掃員が互いに話をするだけではなく、マンション住人と警備員、マンション住人と清掃員が話をするように発展しています。

レズニスキーがインタビューした病院の清掃員に似ていますが、自分たちの仕事を、警備をする人、あるいは清掃をする人とみなすのではなく、住人に快適なマンションライフを提供する人であると自分たちの「仕事の意味合い」を変えたことがここでは重要なことです。そのことで、サービスレベルが高まり、住人からの評価が高まっただけではなく、自分たちの仕事に誇りを持ち、やりがいにつながりました。

仕事の内容は変えづらくても、仕事をする上での人間関係や仕事の意味合いは、比較的簡単に変えることができます。日常の仕事におぼれるのではなく、自分のやっている仕事が何につながっているのか、話をする人は変えられるのかということを意識してみるのも、自分の居場所を居心地のよいものにするためには、大切な行動であると言えます。


ある商社の人事の方から聞いた話です。

辞める若者が増えたということを嘆いていました。

多くの原因は、マネジャーとメンバーのコミュニケーション不足でした。若いメンバーが「この仕事は何のためにやっているのですか」と聞いたとき、「いずれわかるから、つべこべ言わずにとりあえず仕事をしろ」とマネジャーはこたえていたということです。昔は、そういうコミュニケーションをしたとしても、飲みの席でフォローしていたものでしたが、マネジャーも忙しくなり、そのような機会もないまま、若いメンバーは悶々として、辞めていったということです。

その仕事というのは、カンボジアの雇用を生み出し、その地域から大いに感謝されている事業につながる仕事でした。しかし、そのことは、若いメンバーに語られることはありませんでした。しばらくすれば、仕事の意味はわかったと思われます。しかし、「時すでに遅し」で、若者は離職しました。

そこで、マネジャー向けにワークショップを開催し、マネジャーとメンバーのコミュニケーションの改善のための意識改革を行いました。それ以降、マネジャーからメンバーへ仕事の意味を伝えるということを熱心にやるという動きが出てきたそうです。実際に、そのことが功を奏するかどうかは、これからだということでした。

うまくできるようになる

「仕事の内容」や「職場における人間関係」「仕事の意味合い」と同じように、居場所を確保するという観点で言えば、「能力」ということが大切になってきます。リクルートの「Will」「Can」「Must」でも二番めに能力（Can）の問題を扱っています。「何が得意か」「何ができるのか」「何が長所なのか」という能力に関わることは、自分に合った仕事を見つける際にも、居場所を確保する意味でも、天職感を感じる上でも大切なことです。

自分が心地よいだけでは居場所は確保されません。組織から必要だと思われないといけません。そのためには組織に対する貢献ができること、つまり仕事ができる能力を持っていることが必要になってきます。

また、健全に成長することは、直接的に幸福につながります。つまり、昨日できなかったことが今日できることは喜びにつながります。知らなかったことを知るようになることも喜びにつながります。できるようになるために工夫することは、しんどいことですが、一方で発見や創造にもつながる話ですので、幸福な感情を喚起させることでもあります。そういう文脈の中で、もう少し深く、能力について考えてみましょう。

一般的に、能力が高まれば、その能力を欲する会社、組織、クライアントが増えるでしょう。また、その能力の希少性が増せば、雇用される力は高まり、稼ぐ力も増すでしょう。しかし、その能力によって稼げるかどうかは、その能力を欲する労働市場があるかということと他の人と比較して優れているかということに依存しています。

縄跳びやけん玉で世界一になったとしても、それだけで稼ぐことは困難でしょう。あるいは、オリンピックに出場できるようなスポーツの技量を持っていたとしても、多くの競技では、それで一生稼いでいくことは難しいでしょう。野球やサッカーやゴルフのように、プロスポーツとして成り立っている競技であれば、その能力を高めれば、稼いでいけるようになります。しかし、他の人と競争になります。たとえば日本の男子プロゴルファーは、レッスンプロまで含めると男女あわせて数千人いますが、トーナメントで実際に稼げる人は限られています。男子の賞金ランキング100位だと年間の賞金総額は600万円ぐらいです。女子プロですと100位前後で400万円程です。しかも日本のトーナメントですが、海外からも参加してきます。男子のランキング100位まで見ますと、半数近くが外国人選手です。(1) トーナメントに出場する必要経費もかかるわけですから、食べていくのが大変であることがわかります。レッスンプロをすれば、稼ぐことができますが、教えるのがうまくなければいけませんので、ゴルフがうまくなる能力とは別の能力が必要となります。

要するに、高めた能力を活かせる場があるかということと、その分野で人よりうまくなれるかということが重要だということです。当然、生まれながらに持っている資質が関係しますので、自分の強みの見きわめが必要です。しかし、それ以上に、強みを磨くことができるかどうかということのほうが重要です。

当たり前ですが、才能は磨かないと伸びません。何の強みがあるのか、その強みを磨けるのか、磨いた強みを活かせるのかということを考えなければいけませんが、学生の間にわかることはごく一部です。実際に仕事をしてみて初めて、強みがわかることも多いですし、その強みが磨ける場であるかどうかも働いてみて初めてわかります。そして、その強みで食べていけるのかどうかも、働いてみないとわかりません。

職人の世界やプロフェッショナルファームであれば、その仕事に必要な能力を仕事をしながら磨けます。しかし、その力を十分に身につけることができるかどうか、そして、それで食べていけるのかどうか、多くはやってみないとわかりません。

大企業のよいところと罠

普通の大企業のよいところは、様々な職種があることです。

私の会社はリクルートの子会社で、2019年現在従業員600名弱の会社ですが、研究、開発、企画、マーケティング、営業、コンサルタント、情報システム、スタッフなどの職種があります。そうすると、比較的自分に向いていそうな仕事をやってみて、数年すると、その仕事で一人前になるための能力を培うことができます。仮に、そこでその能力を培うことができなくても、人事異動によって、他の仕事で一人前になるよう別の能力を培う機会はあります。会社も向いていない仕事をずっとさせておくよりは、より向いている仕事をさせたほうが得ですから、異動という手段で、会社全体の適材適所をはかります。

そういう意味で、会社のビジョンや理念に共感でき、尊敬できそうな先輩がいて、自分に向いていそうな仕事があり、そして多くの職種をかかえた会社を選ぶということは、ひとつの合理的な選択です。

ただし、大企業には、罠があります。「ある程度業績が上がるようになったら、成長がとまってしまう」という罠です。

多くの会社の多くの仕事は、誰にでもできるように設計しています。そうすることによって、稼ぐ社員を増やしています。会社は、社員ができる限り早く貢献できるように、仕事を設計し、仕事を覚えさせるようになっています。アルバイトの仕事は、短期間で仕事ができるように設計しています。同様に、一般社員の多くの仕事は数年で一人前になるように設計しています。

覚えた仕事を行えば組織に貢献することができますが、問題は、その仕事を行う能力を身につけた後、その仕事で成長し続けることができるかということです。世の中には、難しい仕事もありますが、人の能力に対して簡単すぎる仕事も多いということです。その仕事に意味を感じ、その仕事を行う価値があると思い、よりよい仕事をするために、熟達する余地があるとすれば、大丈夫です。

しかし、人並みにできるようになれば組織で評価されることが多くなり、そこに安住してしまうと、成長はとまります。持っている能力はやがて陳腐化し、その会社だけでしか使えないものになってしまい、会社の調子が悪くなれば、リストラの対象になり、成長が止まっていれば、社外に出ても稼げないということになります。

仮に、リストラの対象にならないにしても、日々の仕事は、新たな挑戦もなく退屈なものになります。前述したチクセントミハイのフロー理論につながる話です。挑戦的な課題があれば、課題を克服するために頑張ります。その頑張る過程で、フロー体験を味わうことができますし、新しい能力を身につけることができます。仕事を通じて、そういうフロー体験を断続的に行うことができれば、退屈もしないですし、能力を培うことができます。

しかしながら、多くの仕事は、うまい具合に挑戦的であるわけではありません。組織の目標は業績を上げることが主であり、個人の仕事が面白いかどうか、新しい能力が身についているかどうかということは二の次になりがちです。退屈する仕事に安住してしまうと罠にはまってしまいます。

そもそも、私たちは、なぜ頑張って新たな能力を身につけようとするのでしょうか。ひとつの視点は、組織からのプレッシャーです。能力を身につけて組織に貢献できなければ、組織にとって足手まといになりますから、そうならないように頑張って能力を高めたいと思うでしょう。また、組織の足を引っ張らないというプレッシャーもありますが、より成長して欲しいという上司や同僚の期待にこたえたい気持ちもあるでしょう。そういう意味では、周囲の支援によって能力を身につけるでしょう。

もうひとつの視点は、自分なりのこだわりです。単に平均的な業績を上げるためではなく、それ以上へのこだわりです。こだわりにも、いろいろなこだわりがあると思います。顧客に対してよいサービスをしたいというのもありますし、自分自身がもっと高いレベルで仕事をしたいというのもあります。組織の平均以上でなければ出世しないということがあるので頑張るのかもしれません。業績を上げて報酬を上げたいというのもありますし、表彰されて承認されたいというのもあります。会社としても、できる人により頑張らせるために、より業績を上げた人に対して報いていく制度をつくっています。昇進・昇格、昇給などの人事制度もそうですが、表彰制度もそうです。

ここで考えなければならないことは、組織に依存しすぎないことです。「能力開発を自ら主体的に行うのではなく、組織からの刺激によって行う」という罠があります。つまり、ある程度業績が上がるようになったら、組織からの要請や刺激は少なくなり、自らが動かないと能力は開発されないということです。

リクルートという会社は、個人が業績を上げることや能力開発を行うことに熱心な会社です。業績を上げることや新しい価値を創造することに対して、様々な制度を整えています。そういう組織からの要望にこたえていくことによって、自然に仕事ができる力は身につきます。しかしながら、それに依存しすぎると、自分で自分の能力を磨いていくことを忘れてしまいます。

これは、リクルートに限った話ではありません。多かれ少なかれ、普通の会社がやっていることです。従業員の能力を開発して、業績を上げさせるための仕掛けを考えるのが、人事や経営者の仕事です。そのような仕組みはどのような会社にもあります。しかし、個人がそれに依存しすぎると、何か外からの刺激がなければ、動けなくなってしまいます。長い仕事人生を考えると、それは危険です。

そこで、社会人を数年やって一人前になったと感じたときに自問しなければならないことは、

①この1年で自分は成長したのか
②自分の強みを発見できたか
③その強みを磨くプロセスは自分にとって楽しいだろうか

ということです。一人前から次のステージに向かうための3つの問いと言えるでしょう。

仕事をするということと、能力を磨くということは、同じことではありません。ただ、それらは、クルマの両輪のように、呼応するものです。仕事能力が高まれば、業績は上がりますし、仕事でできることは広がります。雇用される機会も広がります。よい仕事をすれば、次のよい仕事の機会ができます。よい仕事の機会は、能力を高める機会でもあります。仕事能力は、本を読むことやセミナーに出席しても培われますが、多くは仕事を通じて培われます。

組織に依存しすぎることなく、よい仕事と能力開発のポジティブな循環を継続していくことで、仕事は楽しくなり、その領域での熟達者になり、自分の居場所は確保されていきます。

ここで肝心なことは、ポジティブな循環に入れそうな領域、分野、職種に自分が入れているかどうかです。先に挙げた3つの問いが、そうであるかどうかを決める問いです。

経験から学ぶ

学ぶということや能力開発というと、スクールや読書のようなものを連想しがちですが、社会人の学びは、圧倒的に仕事経験を通じての学びが主になります。

1930年代のことですが、アメリカの哲学者のジョン・デューイ（Dewey, J.）は、経験を学習の資源とみなし、日常生活を含めた文脈の中に位置づけられてこそ学習が成り立つと考えました。過去につくり出された知識や技能を伝達することを教育とするならば、生徒は従順でなければならず、教師は効率よく伝達する代理人でしかないことになります。それは外部からの押し付けであり、教え込むものも静的なものという前提となります。

しかしながら、世の中は動的に変化し、一人ひとりは個性を持っています。それを活かして育てるということをデューイは重視しました。個人と、個人を取り巻く環境との相互作用が「経験」であり、そのような経験を学習資源として、反省的思考を通して経験を学習に変えることをデューイは提唱しました。

デイヴィット・コルブ（Kolb, D. A.）は、デューイの学習モデルを継承し、経験学習モデルを構築しました。

その学習モデルは

具体的経験（concrete experience）

内省的観察（reflective observation）

抽象的概念化（abstract conceptualization）

能動的実験（active experimentation）

の4つの要素から成り、サイクルとして辿ることによって経験から学習していくと、コルブは述べています。

「具体的経験」は、個人が環境に働きかけることで起こる相互作用です。学習は、経験によって生じるという観点で「具体的経験」は学習の基点です。「内省的観察」は、経験を振り返って、そこで行われていることを考察する行為です。そのような行為は、一人で行うことを想定しがちですが、コーチングやメンタリングなどの他者との関わりや対話の中でむしろ促進されることも、近年ジェニファー・ハリソン（Harrison, J. K.）らにより注目されています。

「抽象的概念化」は、経験を言語化、一般化、抽象化することによって、次の経験を行うときに取り出し可能にする行為です。のちに自分が使える理論という観点で、「持論の形成」とも言えます。「能動的実験」は、経験を通じて構築された理論やフレームあるいは持論を、次の経験において試してみる行為です。この一連のプロセスを経て、経験は学びとなります。

つまり、社会人になった後は、座学で仕事を覚えるというよりは、仕事を経験して、その経験を通して、仕事に必要な知識、スキルを学んでいくということです。仕事をする上で、ある程度、成果を上げて、組織に貢献することが求められますので、ときには、上司や先輩に叱られながらも、知識やスキルを学んでいきます。その際には、よい内省ができることが重要です。単に経験するだけではなく、失敗したこと、成功したことを振り返ることによって、学びが深くなります。まったくの素人だった人が、経験と内省によって、一人前になり、やがて熟達者になるということです。

「新人」から「一人前」になっていく

ここまで、「一人前」や「熟達者」という用語を特に説明することなく使っていましたが、少し用語の整理をしておきましょう。

本書で「一人前」と呼んでいるのは、スチュアート・ドレイファス（Dreyfus, S. E.）が作成した「5段階モデル」をイメージしています。ドレイファスは、成人がスキルを獲得していく段階を5段階で説明しています。

新人（novice）
ひとり立ち（advanced beginner）
一人前（competence）
主力（proficiency）
熟達者（expertise）

です。この「熟達者」は、特定の領域において、専門的なトレーニングや実践的な経験を積み、特別な技能や知識を得た人をイメージしています。本書では、リチャード・ワグナー（Wagner, R. K.）とケイス・スタノビッチ（Stanovich, K. E.）の研究に従い、特定の分野において、上位5％の人たちを「熟達者」と考えます。

看護の分野でドレイファスの5段階モデルを援用した、パトリシア・ベナー（Benner, P. E）の研究をもとに、各段階を説明します。ベナーは、インタビューおよび観察することで、看護師の経験年数の違いによって実践能力が違うことを明らかにしました。

「新人」は、決められたルールに沿って行動します。患者を目の前にしても、過去の経験がないために、測定可能な患者のデータを見て、原理原則にあてはめ、現象を理解します。しかし、数値であらわれない患者の表情や様子などを総合的に判断していくことが必要な場面になると対処ができません。また、患者は一人ひとり違っており、同じ数値であったとしても違いがあります。それゆえ、数値がわかったとしても、数値と実際の症状の関係に関する経験がないと、患者ごとの違いを理解することはできません。

「ひとり立ち」レベルになると、かろうじて及第点の業務がこなせるようになります。看護の手順書を見ながら、定型業務ができるようになります。また、同じような症状の患者をたくさん看ることになりますので、同じように起きる症状や出来事に対して、冷静に対処できるようになります。実際に、就職して1年ぐらいすると「ひととおりのことができるようになった」という声を聞くことができます。

より経験を積んでくると、「一人前」になります。看護師で言いますと、2～3年で「一人前」のレベルになります。職場で起きるたいていのことに対応できるのがこのレベルです。この段階になると、それぞれの仕事場面において何が重要で、何を失敗するとまずいのかを理解しています。また、仕事量も増えてきますので、仕事間の優先順位をつけることや計画を立てることを行います。

「主力」レベルになると、複雑な状況を全体的に見ることができます。仕事のゴールを見据えた上で、過去の経験をもとに最善の策が何なのかということを考えます。看護師だと、5～6年めから「主力」レベルの仕事をし始め、リーダーという役割を担い、後進の指導や仕事の割り振りを行うようになります。

「熟達者」になると、状況に応じて、直感的に判断し、流れるように仕事を行っていきます。もはやガイドラインやルールには頼りません。気になる患者のナースコールがあった瞬間に、どのようなことが起こっているのか、あるいは今後起こるのか、患者のところに行く前にすでに予測し、着いた後、症状を見て、次のアクションをとることができます。状況の微妙な変化や違いに対する気づきが早いのも特徴です。高いレベルのパフォーマンスを効率よく、正確に発揮でき、難しい問題解決を行うことができます。

「熟達者」は、しばしば不確実で複雑な状況の中に置かれます。その中で困惑し、混乱を経験していきます。それまでに習得してきた知識では問題の解決に至らず、新しい方法を考え、新しい仮説をつくりだし、検証のための実験を行っています。つまり、熟達者は、行為を通じて、行為の中で知を生成しているのです。

仕事を行う上では、言葉では表現できない知、つまり暗黙知の習得が必要となります。そのような知の獲得は、教室での伝授では難しく、実践の場面を通して経験しながら習得していくことが一般的です。暗黙知は、「実践知」という言い方、仕事上のコツやノウハウという言い方、あるいは職人の「わざ」という言い方もできます。

日本古来の伝統芸能の世界において、「わざ」の習得は、模倣から始まります。師匠の動作を見よう見まねすることから学習は起こります。日本舞踊では、最低限のお作法を習った後に、いきなり作品の習得がはじまります。

このやり方は、西欧芸術のやり方とはまったく違います。たとえばピアノの学習は、学習者のレベルに合わせて、少しずつ難易度を上げた曲を練習していきますが、日本舞踊の場合、作品全体の練習が中心になります。師匠の模倣を繰り返し行います。日本古来の伝統芸能の学習は、西欧の「段階的な学習」に対して、「非段階的な学習」と言えます。

そこでの学習は、技術の習得が目的ではなく、社会を生きていく上での心構えを学ぶことが目的であり、習得のプロセスで学習者が自ら目標をつくっていくことが求められます。

宮大工の西岡常一氏は、大工や職人の仕事は、学校や本で学べないものであり、体や経験を通して学ぶものであると述べています。日本古来の仕事の習得は、まず体験ありきであり、現場主義です。暗黙知を暗黙知のまま学びます。師匠や先輩の背中を見て、模倣し学んでいきます。

経験による学びは、内省に依存する

ところが、同じ経験をしても、能力や知識を獲得できる人とそうでない人が存在します。その差は、どこから来るのでしょうか。ひとつは内省にあると考えられます。内省と言ってもよくわかりませんので、もう少し具体的に説明してみましょう。

何かを行ってみる。失敗する。違うやり方でやってみる。また失敗する。

新しいことをやってみるということは、失敗の連続です。始めは、失敗しないように、教科書やマニュアルを見てやってみます。あるいは、先輩がやっている姿を真似してみます。知識は、教科書で身につけることができますが、スキルは読んだだけでは身につきません。よって、実践してみます。そして、失敗します。失敗から、失敗の要因を推測します。先輩に指摘されることもありますが、とにかく要因が何だったのか考えます。それを克服するために別のやり方を考えてみます。あるいは、先輩に聞いてみます。試行錯誤の連続です。もちろん、そのスキルを身につける上で、生まれつきの才能はあると言えますが、鍵は、たくさんのやり方を見つけて、それを試すということです。

ある会社で、新規開拓営業に関して、高業績を上げる人とそうでない人の差について、話を聞いたことがあります。新しい顧客を獲得するために、見込み客のリストを渡され、ひたすら電話をかけて、購入しそうな相手に対して、商品を売り込む、もしくはアポイントをとるということを行います。しかしながら、見ず知らずの営業からの電話は、断られることが常です。そもそも電話がつながることも少ないですし、つながったとしても「忙しい」ということで、話もできません。商品の話ができたとしても、「興味ありません」「今は間に合っています」と言われて、電話を切られます。

そういう状況の中、業績が上がらない人の行動は以下の通りです。
電話をかける。つながらない。つながっても断られる。めげる。落ち着いてから、また電話をかける。つながらない。つながっても断られる。めげる。それを繰り返し、「自分は才能がないのだ」と言って落ち込んで、「今日は日が悪い。疲れた」と言って、早々に家に帰ってしまう。

そういう毎日を過ごせば、当然、業績は上がりません。

一方で、高業績の人の行動は以下の通りです。

電話をかける。つながらない。つながっても断られる。「なるほど、このやり方だと難しいんだな」と思い、別のやり方を試してみる。それでもダメである。他のやり方を試してみる。このようなことを行っていくと、やり方に関する失敗のリストができあがっていく。そうすると、こちらのやり方だけでなく、相手の状況やタイプによって、失敗の質が違ってくることがわかります。そのうち、うまくいくやり方が少しずつ見つかっていきます。そして、月日が経っていくと、業績が上がっていきます。

高業績の人は、仕事を通して、実験を行っています。こうするとうまくいかないが、別のやり方をするとうまくいく。その実験を高速でまわしていくことによって、業績を上げていきます。別の言い方をすれば、仮説をつくって、その仮説が正しいかどうか実践してみて、うまくいかなければ別の方法を試すということをやっています。

内省がうまい人は、仮説を検証して、何がうまくいって何がうまくいかなかったのか分析してみて、新しいやり方をうまく見つけられる人と言ってもよいでしょう。前述したように、内省は一人でやる必要はありません。上司や同僚、あるいはコーチと一緒にやることによって、新しいやり方のバリエーションは増えますし、失敗にめげないですみます。
いずれにせよ、熟達者になろうと思えば、新たな知識やスキルが求められ、それを獲得することが苦にならないという志向性を持っていることが必要になります。ベースには、自らの知能が生まれつき固定されているのではなく、努力次第で変わるものであるという知能観が必要になってきます。キャロル・ドゥエックは、知能は努力によって変わると信じている人、つまり「拡張的知能観」を持っている人は、たとえ難しい課題であっても、学ぶことに挑戦していくということを述べています。

日々の行動を実験と思い、その実験を高速で回すことが大事なのだとわかっていても、障害があります。業績を早く上げたいという気持ちです。組織に属していれば、基本的には業績が求められます。そうすると、何かができるようになるかどうかというよりも、早く業績を上げたいと焦ります。その焦りが能力開発を妨げます。新たに学習したいという「学習志向」よりも業績を上げたい「業績志向」が強いと、新しく学ぶことが求められている環境においても、新しく学ぶことよりも過去のやり方で業績を上げようとして、結局失敗してしまうということがしばしばあるということです。長いキャリアを見すえて、ときには、今の業績に目をつぶり、新たなことを学んでいく覚悟を持つということが必要だということです。

内省がうまいという話は、面白法人カヤックの柳澤氏の「気づき」につながる話です。「気づき」というのは、まさに内省です。やってみてどうだったか、どうすればもっとよくなるのだろうか、ということを考えますが、人によって、その深さや広さが違います。「気づき」が多ければ多いほど、うまくやれるためのやり方をたくさん考えられるということですから、よりうまくなる可能性は高いでしょう。

また、いろいろなやり方を思いついてしまったら、やってみたくなるものです。これを試してみよう、あれを試してみよう、と。そうなってくると、仕事は仮説検証の場になり、実験になってきます。知的好奇心が満たされ、楽しくなってきます。仕事をしているときも楽しいですし、やり方を考えているときも楽しくなります。そういう仕事を選べれば、仕事満足度は高く、幸福な仕事生活を送ることができます。「明日の準備」と「今日の充実」が両立し、「生き残り」と「幸福」が統合されていきます。

自分の子供に対しては、「合う仕事がよくわからないというのであれば、まずは自分が成長できそうかどうかという観点で会社や仕事を選んでみたらどうか」と勧めています。

実は、ホワイトカラーの仕事の場合、仕事の基礎力は、どこの会社にいっても求められているものはあまり変わりません。求められるレベルとスピードは会社によって異なるかもしれませんが、ホワイトカラーに求められている基礎的な仕事力はほぼ同じです。読み書きそろばんのようなものです。「課題を設定して課題を解決していくこと」「周りの人を巻き込みプロジェクトを進行していくこと」「自己を管理して自律的に主体的に仕事を進めていくこと」などです。

そのような仕事の基礎力の上に、専門的な知識・スキルを加えていけばよいのですが、基礎的な仕事力が身につかないまま、社会人10年めを迎えている人もいます。過去に中途採用をした際に、実際そのようなことを感じさせた人がいました。立派な学歴であり、面接の際にも立派な話をしていたので、採用したわけですが、実際に一緒に仕事をしてみると、仕事がまるでできなかったという話です。

最初の10年で、どこでどういうスキルを身につけるのかということは、居場所を確保していくという観点で、実は重要です。逆に、ベースになるスキルを身につけていれば、社外での転職先は広がります。そのようなスキルを専門用語でポータブル・スキルといいます。どこにでも持ち運びができるという意味のポータブルです。

自分に合う仕事がわからない場合は、仕事の基礎力が鍛えられそうな会社を選ぶとよいと思います。基礎力が鍛えられれば、社内外含めて働く場所は広がり、居場所を確保し続けることが容易になります。そして、ある領域において「一人前」になり、その上で「熟達者」を目指すのかどうかは、先ほど「大企業のよいところと罠」で述べた3つの問いに照らし合わせて考えてみましょう。

「熟達者」になるには

ドレイファスも言っていますが、「熟達者」のレベルに到達するのには、通常10年以上にわたる長期的な学習が必要とされます。ただし、10年を経れば自動的に知識や技能が身につくわけではありませんし、すべての人がこのレベルに達するわけではありません。それでは、どのように「熟達者」になっていくのでしょうか。

まず、「一人前」になった後の話です。

「一人前」になっているわけですから、それなりに組織に貢献しているという状態です。しかし意図的に難しい仕事を行う機会や新たな役割を担うということがなければ、成長はとまってしまいます。自動的に「一人前」から「熟達者」になるわけではありません。

たとえば、テニスをしようと思いたちます。一通りの技術を覚えて、人並みにならなければ楽しくありませんので、そこまで頑張ります。2年ぐらい頑張ると、そこそこのレベルになります。そうすると、テニスは楽しくなってきます。ゲームをして負けたりすると、もう少しうまくなろうと思いますが、なかなかうまくなりません。

そして、またゲームをして、もっとうまくなりたいと思いますが、そううまくならないうちに何年も経ってしまいます。テニスそのものは楽しいので、テニスをする時間は多いのですが、そんなにうまくならないということです。努力をしているし、それなりの時間を費やしているのですから、うまくなってしかるべきですが、そこそこのレベルから抜け出せないということはよくあります。それは、テニスだけでなく、バイオリンでもそうですし、英会話でも同じです。努力すればうまくなるわけではないのです。

これは、才能の問題もありますが、能力を培うプロセスの問題だと思われます。アンダース・エリクソンらは、熟達者になるためには、「熟慮された鍛錬（deliberate practice）」が必要であると主張しています。

この鍛錬は、適度に難しく、目的が明解であり、フィードバックがあり、何度も繰り返しできることと定義されています。つまり、熟達者は、何も考えず鍛錬するのではなく、何の鍛錬をすべきかを自ら考え、強みを伸ばすこと、弱点を克服することなど、鍛錬の目的を明らかにし、その鍛錬の計画を立てることを何年も行うことによって、熟達者になっています。

繰り返しますが、「一人前」から「熟達者」に自動的になるわけではありません。エリクソンは、「経験を積むだけでは高度な専門能力は身につかない」と言います。20年の経験がある教師が、5年しか経験していない教師に比べて、技能が劣っているということはよくあることだと研究でわかっています。ある程度うまくなってしまうと、それ以上にうまくなることを意識しなければ、徐々に劣化していくということです。

世界のトップアスリートやチェスプレイヤーは、若い頃から長い時間の鍛錬を行っています。彼らは1万時間を超える鍛錬を行っていることをエリクソンらは発見し、ベストセラー作家のマルコム・グラッドウェルは「1万時間の法則」としてそのことを広めました。ただ、そのことを誤解している人は少なくありません。単純に1万時間、努力すると熟達者になれるという誤解です。

1日3時間、365日、10年で1万時間をこえます。一流になるためには、それ以上の時間を費やす必要はありますが、単に1万時間を費やせばなれるわけではありません。「目的のある鍛錬」あるいは「熟慮された鍛錬」が必要になります。

そのような鍛錬を行う際に、最も重要なことは、居心地のよいゾーンから飛び出すことです。会社員として、「昇進」や「挑戦的な仕事」をする機会があり、たまたま、いままでの経験では太刀打ちできないことを行う機会があれば、それを乗り越えるために、新たな知識や能力を培うことになります。

もし、そのような機会がなければ、自分でそのような機会をつくる必要があります。難しい仕事を自分にさせてもらうように上司に言うか、そのような仕事があるところへ、異動もしくは転職するのです。そのような挑戦的な仕事は、今までの方法ではうまくいきません。1・5倍の営業目標であれば、1・5倍働けばどうにかなりますが、それを続けると身体を壊す危険があります。2倍の目標、3倍の目標になったら、お手上げです。今までと違った方法を試さなければいけません。

今までのやり方で太刀打ちできない壁に直面したときに大事なことは、いろいろなやり方を試してみるということです。新規開拓営業での電話営業でも同じでした。何かの能力を身につけるときには、いろいろなやり方を試みるということです。いろいろなやり方は、他の人に習うこともできますし、コーチやメンターの人に教えてもらうことも大事ですが、自分なりに考えることが大切です。

自分なりに考えることができれば、試してみたくなります。実験です。うまくいかなくても、また違うやり方を試してみます。その繰り返しを行うことで、能力を伸ばすことができます。問題は、それを楽しめるかどうかです。

新しい挑戦をすることは、必ずしも楽しいことばかりではありません。失敗して挫折感をたくさん味わうわけですから、居心地のよいところではありません。そこそこやっていても周りから「すごいね」と褒められれば、そこでいいやと思います。

そこを抜け出して、新しいことを行うわけですから、普通は楽しくはありません。一時的には、業績が落ちるかもしれません。そのことで組織や周囲の人に迷惑をかけるかもしれません。

それでもやろうとするためには、周囲の理解が必要です。自分は今チャレンジをしようと思う。もしかすると、業績が落ちるかもしれない。それでももっと能力を高めるために新たなことにチャレンジしているということを周りの人に理解してもらう必要があります。それは、もしかするとカッコ悪いことかもしれませんが、たいていの人は、懸命に行動する人を応援します。勇気を持って、懸命に励めば、周りの理解してくれる確率は高まります。

また、何度も言いますが、大事なポイントはその試行錯誤の実験を楽しめるかどうかです。何かを行う。そうすると今までと違う小さな差異に気づく。その差異を見出せるかどうか。その差異を楽しめるかどうかが「熟達者」になれるかどうかの違いです。その過程を楽しめれば、フロー状態になっている可能性も高いですし、「熟達者」になってくれば、その仕事は天職であるという実感も高まってくるのではないかと思われます。そして、それを続けていくことで、社会において、自分の居場所があると感じることができるのではないかと思われます。

「熟達者」になれなかったとしても、「熟達者」であったとしても

リクルートには「自ら機会を創りだし、機会によって自らを変えよ」という考え方があります。リクルートの社員であれば、みな知っている行動指針です。

そして、ほとんどの社員は、「自ら機会を……」のスピリッツを持っています。スピリッツを持っていないにしても、そのスピリッツを理解しており、そのスピリッツがこの会社の根底にあり、それが競争優

位性につながっていることをわかっています。

ゆえに、仕事は割り当てられるものだけではなく、自らつくるものであると思っています。自分らしい仕事、自分が活きる仕事を探索し、構築していきます。まさに、ジョブ・クラフティングです。

しかしながら、必ずしも全員が熟達者になっているわけでもありません。前述したように、熟達者でなくても仕事はひととおりできるわけですから、会社からは重宝がられますが、より努力する動因を自分で強く持たないと推進していけないと思われます。

その際に考えられることは、その仕事が自分にあまり向いていないか、あるいはそこそこは向いているという状態か、かもしれません。そこそこ向いていて、そこそこの業績を上げている。実はそういう人のほうがマジョリティかもしれません。なぜなら、上位5％が「熟達者」だとすれば、残りの95％は「熟達者」ではないということですから。3年めであっても10年めであっても、能力も業績もあまり変わらないということもよくあることです。

そういう話は会社の中だけの話ではありません。教師の話を前述しましたが、医者の世界でも同じようなことが起こっています。医者の経験年数と能力の関係に関する研究によると、経験年数を経ても、能力が必ずしも上がっているわけではないという結果が出ています。それどころか、むしろ能力が下がっているという研究結果もあります。[2] 大学を卒業して3年めぐらいの「一人前」の医者のほうが、10年や20年も経験のある医者よりも能力も業績も高いという結果になっているのです。つまり、医者の日常業務のほとんどが、医者としての能力向上につながっていないという話です。

いずれにしても、普通に仕事を続けても「熟達者」にならないということです。「熟達者」になるためには、意図的に、仕事のレベルを上げていき、それを楽しむことができなければなりません。熟達者にならなかったとしても、その仕事は、そこそこ向いていて、そこそこの業績を上げているという状態というのは、よくある話です。悲観的になる必要はありません。しかしながら、その仕事を続けていても、能力向上は望めず、退屈になってしまい、天職感は味わえないということになります。そして、雇用される力は弱まっていき、自分の居場所を確保することは難しくなってきます。

では、どうすればよいのでしょうか。

意図的に仕事のレベルを上げていくか、違う仕事をするのか、どちらかを推奨します。それを判断するために、先ほど触れた3つの問いがあります。「一人前」からその仕事の「熟達者」に向かうか、それとも違う仕事を選ぶのかを考えるための問いです。最も危険なのは、そのまま居続けることです。

3つの問いのうち、ひとつめの問いがキーです。

「この1年で自分は成長したのか」

冷静になって考えてください。医者の例でも、高まるどころか低下していたわけですから、同じ仕事を続けていたら、衰えているということは十分にありえます。

趣味であれば、楽しめればよいので多少劣化してもよいですが、仕事の場合、劣化していったなら、組織にぶら下がり、居心地の悪い思いをし、場合によっては、居場所がなくなるリスクがあります。開業医の場合であれば、評判が悪くなり、患者が少なくなるかもしれません。

ただ、「熟達者」になることがキャリアのすべてではありません。むしろそうではないキャリアのほうが主です。しかし危険なのは、同じ仕事を続け、持っている技術が陳腐化し、雇われる力が劣化し、居場所がなくなることです。ですから、能力が高まっていないと感じたら、仕事のレベルを高めるか、仕事を変えるということを考えるべきです。

大きな会社の場合であれば、自己申告制度などを利用して人事異動し、仕事内容を変えることができます。自己申告制度のような正式な制度がなかったとしても、人事部や異動したいと思っている部署の責任者などに真摯に相談すると、異動させてもらえる可能性があります。ただし、元の部署で、前向きに仕事に取り組み、そこそこの業績を上げていることが条件になってきます。でなければ、異動先の部署の責任者も自部署にきてもらいたいとは思いませんので。

それでも、異動できる仕組みがない、異動させてもらえない、あるいは、会社の中では異動したいところが見つからないということがあるでしょう。そうだとすれば、社外に転職するということもオプションに入るでしょう。

仮に、どの仕事もなんとなく向いていないし、天職感を感じそうもないなと思っていても、大丈夫です。「一人前」以上にできる仕事を複数持っていること自体が、ユニークなキャリアです。何かひとつの領域で「熟達者」である必要はありません。その重層的なキャリアを重宝してくれる会社やクライアントは存在します。

リクルートという会社は、若いうちに辞める人が多い会社です。辞めることを奨励しているわけでありませんが、それは、入社した人全員を長期間にわたって成長させる場が十分にあるわけでもないことを示唆します。それは、リクルートという会社に限らず、どこの会社でもありうることです。

リクルートの中には、他の会社と同様、多様なキャリアコースがあります。コースは明示されているわけではありませんが、諸先輩が多様なコースを歩んでいることがわかります。たとえば、リクルート自身の採用の仕事を行い、その後に求人広告の営業を行い、営業マネジャーの仕事を行い、独立して、人事系コンサルティングを行っている人がいます。職種は違いますが、人事領域に関する専門知識を蓄積し、天職にしています。あるいは、リクルートの中で社内広報の仕事をした後20代の後半に出版社に転職し、その後、ネット・マーケティングの仕事をしている人もいます。コアになる技術は、「憑依」と表現しています。読者あるいはネットユーザーの気持ちになりきるという技術です。職種は違うものの、転職を繰り返しながら、コアになる技術を磨いています。その技術は、いろいろな職種で転用可能です。

ここで言いたいことは、営業や採用やマネジャーといった仕事を「一人前」にできていれば、その組み合わせはユニークであり、そこまでに培った能力と知識と職歴が活きる仕事は、世の中にたくさんあるということです。

仮に、若いうちに天職を見つけ、「熟達者」になったとしても、どこかで成長がとまることや通用しなくなることもあります。たとえば、アスリートの寿命は短く、20代や30代でピークを迎える競技もたくさんあります。否が応でも、次のキャリアを探さなければいけません。その競技のコーチになることも考えられますが、競技ができることとコーチになることは違います。プレイヤーとしての能力が高かった場合には、その経験が仇になる可能性もあります。できないアスリートに、よいアドバイスができないかもしれません。教えることに喜びを感じないかもしれません。才能のあるアスリートに嫉妬をしてしまうかもしれません。

アスリートの例は極端かもしれませんが、「熟達者」であり、その「熟達者」のニーズが十分にあったとしても、未来はどうなるかわかりません。ＡＩやロボット技術の発達によって、私たちの仕事が簡単に奪われる可能性はあります。たとえばネイルアートやすし職人やドライバーの仕事は、機械によって置き換わるかもしれません。今後30年を考えますと、医者や弁護士や学者のような仕事でさえ、機械に置き換わることも十分に考えられます。そうすると、天職感を十分に味わい、「熟達者」で引く手あまたであったとしても、失業リスクはあります。さらに、長い期間、高齢になっても、働かないといけないリスクがあります。そうすると、私たちは、アスリートのように、セカンドキャリア、サードキャリアということを意識していなければならない時代にいるということを認識しておく必要があります(3)。

その際には、何が大切になってくるでしょうか。

たとえばまったく違う職種に、キャリアチェンジすることを考えてみましょう。20代であれば、多くの会社の門戸は開かれているでしょう。しかしながら、歳をとるに従って、大きなチェンジは難しくなるでしょう。同じ会社での異動であればまだ融通はきくかもしれませんが、違う会社、違う職種で転職するのは難しいでしょう。

相手の立場に立ってみれば、わかります。中途採用を行うのは、その職種の仕事をする人が社内で足りないということです。ゆえに、その職種の経験者を雇いたいと思っています。そこにまったくの素人が応募しても、普通の会社の場合、採用しようと思いません。営業の仕事をしてきた人には、採用するほうから見れば、営業の仕事をしてもらいたいというのが一般的です。まったくの異分野への転職は特に30代以上になってくると難しいということです。

近接領域のニーズはあります。必ずしもなれるわけではないものの、アスリートが、その種目のコーチになるということは、キャリアコースとしては十分に考えられる選択です。その競技のキモがわかっている可能性が高いですし、コーチを受ける人にとっても、実績のある元アスリートからのアドバイスの信頼性は高いでしょう。

同じように、営業職の人に対して営業マネジャーの仕事、人事担当をやってきた人に対して人事コンサルティングの職種への転職は可能ですし、一般的でもあります。近接領域に、自分の仕事の幅を広げるキャリアを、マイケル・ドライバー（Driver, M. J.）は、「スパイラル・キャリア」と呼びました。アスリートからコーチ。営業から営業マネジャー。人事担当から人事コンサルティング。社内広報からマーケッター。いずれも「スパイラル・キャリア」の典型例です。

大切なことは、突然、まったく違う領域にキャリアチェンジをするのではなく、近接領域づたいにキャリアを広げていくことが現実的ということです。そして、近接領域づたいにキャリアを重ねていくことができれば、思いもよらなかったような領域までキャリアは広げられます。そういう文脈で、キャリアを蓄積していくことに意味があります。

さらに重要なことは、どういうキャリアを積んだとしても「経験から学ぶ力」を培っておくことです。同じ経験をしても学べる人と学べない人がいるという話をしました。学ぶためには、失敗したとしてもめげずに、試行錯誤を重ねられるかどうかということです。失敗をすると、たいていの人はめげます。自分にはその才能がないと思いがちです。才能がないと思えば、上達するのは難しくなります。ただ、才能がないのかあるのかは、ある程度やってみないとわかりません。

才能があるのかどうかは別にして、とりあえず「一人前」になるために、試行錯誤を重ねてみることは、努力に値します。「熟達者」になれなくても、たいていの人は、努力すれば「一人前」になれます。試行錯誤してうまくできた経験は、その後の違う仕事で役に立つことが往々にしてあるからです。

たとえば、営業がうまくできないときに、営業成績がいい先輩の真似をしてみたらうまくいったという経験は、のちに役に立ちます。営業以外の職種の仕事をする際にも、うまくやれている先輩を真似してみるという方法が有効になりうるということです。

うまくいったという経験は、仕事だけに限りません。音楽でうまくなった経験、スポーツでうまくなった経験は、のちに応用がききます。たとえば、小中高校時代に英語のリスニング力を鍛えていなくて、大人になって英語のリスニング力を高めようとした場合、苦労することが多いと思われます。単語や文法は、覚えれば覚えた分だけ成績は上がりますが、リスニング力は、勉強時間に比例するわけではありません。毎日3時間英語を聞き続けても、初めの3カ月は何を言っているのかわからないという状態が続きます。そこでめげずに続けていると、ふとわかるようになってきます。ある日、ポンとわかる瞬間があるという現象です。その感覚は、ゴルフのショットやバスケットボールのフリースローと同じだということを知っていれば、リスニングの勉強にも耐えられます。新しい体験をするに当たって、脳が新しいシナプスをつくり変えるのにそれなりの時間がかかるのだということを、他の経験から類推するという話です。

何かをやりきるということは得られるものが多い経験です。目の前の仕事をやりきれば、単にそこで身につけた技能だけでなく、学ぶ力も身につく可能性が高いといえます。学ぶ力を身につけるためには、なぜうまくできないのか、どうすればできたのかということを自分なりに内省して、言語化しておくことが大切です。

上達するためには、「うまい人を真似る」「うまい人にアドバイスをもらう」「とにかく関連する本を読む」「初めの3カ月は、いろいろ失敗するだろうがそれにめげずに試行錯誤を行う」というようなコツ、すなわち自分なりの学習スタイルのレパートリーを増やしておくということが有効です。換言すれば、学びの持論を持つということです。そうすることで、居場所を確保し続けられる可能性を高めることができると言えます。

すべての分野で才能があるということもなければ、すべての分野で才能がないということもありません。自分の中で、キャリアを通して、最も才能がありそうなことを掘り当てていくこと、それを複数の領域で行っていくことが求められます。リンダ・グラットンは、そのことを「連続スペシャリスト」になることと述べています。

刻々と変化する未来に応じて、ひとつのスペシャリストにとどまらず、複数のスペシャリストになることで生き残ることができます。グラットンが言うスペシャリストは、熟達者のレベルと思われますが、実際、そのレベルに到達できる人は限られています。目標としてはよいですが、現実問題として難しいのではと思われます。

そういう意味では、複数の領域で「一人前」レベルになるまで頑張り、どこかの分野で「熟達者」になれるよう努力していくということ、あるいは、「熟達者」のレベルになれなくても複数の「一人前」の領域があることが、ユニークなキャリアになり、そのユニーク性で居場所を確保していくこと、というのが、多くの人に勧めたい現実的なキャリアです。

マネジャーになるということ

会社に属していると、ドレイファスが作成した5段階モデルの「新人」「ひとり立ち」「一人前」「主力」「熟達者」のフェーズのうち、「主力」から「熟達者」に行く前にマネジャーになることがよくあります。

マネジャーになるということを、どう考えればよいでしょうか。

マネジャーになるということは、会社から認められたということであり、うれしい話ですが、ある領域を極めて「熟達者」を目指そうと思っていた人にとってみると、悩ましい話です。マネジメントの仕事が熟達に向けて専念する際の障害になるわけですから。

しかしながら、与えられた状況をよく見きわめる必要があります。会社の中でのマネジャーには、大きく分けてふたつの種類があると考えられます。いわゆる管理監督を行うマネジャーと、専門家を束ねるマネジャーです。前者の代表が工場のマネジャーで、後者の代表がコンサルタントや企画、研究のマネジャーです。後者は徒弟型のマネジャーとも言えるでしょう。

基本的な役割が違います。前者は自分で直接仕事をするのではなく、人にうまく仕事をやってもらうのが役割ですが、後者は自分が率先して仕事をすることが多く、自分の働きぶりを見せながら、後輩を育てていくという役割です。企画職であれば、面白い企画をメンバーに考えさせるということも大事ですが、いざとなれば、自分も面白い企画をつくれないといけません。コンサルタントも同様です。そして、この後者のマネジャーであれば、マネジャーをしながら、「熟達者」を目指すことができます。

一方で、前者は、違う職種であるという認識をしたほうがよいでしょう。工場で自分がネジを回すのと、ネジ回す人を監督し鼓舞するのは、違う仕事です。どちらが偉いか偉くないかという話ではなく、違う仕事ということです。アスリートのコーチは、素晴らしい競技をすることが役割ではなく、素晴らしい競技を行うアスリートを育てることが役割です。プレイヤーとマネジャーの間には、明確な線がありま す。営業のマネジャーも同様です。会社によってはマネジャーが営業を頑張らないといけないようなところもありますが、営業マネジャーの仕事は、自分で営業を頑張るのではなく、メンバーを育てていい営業をさせることとです。

後者の徒弟型のマネジャーは、マネジャーをしながら「熟達者」も目指せますので、前者のマネジャーになった場合に絞って話をしていきましょう。

営業の業績も上がり、知識や能力も高まり、「主力」レベルになっていると会社が判断すれば、マネジャー職への昇進というものが視野に入ってきます。そのような昇進は、職種転換に相当します。自分で売るということではなく、メンバーに売ってもらうということが役割になってきます。自分が持っている営業知識や能力は役に立ちますが、それをメンバーに押し付けてもうまくいかないことがあります。メンバーの個性を活かしながら、業績を上げるということをしなければいけません。

そういう意味では、ドレイファスの5段階モデルの「新人」から行うという意識が必要になります。マネジャーとしては「新人」なのです。プレイヤーとしての成功体験はそのまま使えません。過去の経験、能力、そして栄光やプライドを忘れることも必要になってきます。

マネジャーの仕事を、組織の階層を昇るステップとしてとらえないで、ひとつの職種であるととらえたほうが個人にとっても組織にとってもよいと思います。肩書きの力ではなく、組織のメンバーの個性を活かしながら、協働しながら、気持ちよく働いてもらうという職種が前者のマネジャーであり、そのためには、それなりの技術習得が必要です。生まれつき人をうまく動かせる人もいれば、そうでない人もいます。それこそ、マネジャーという職種にも「新人」から「熟達者」まであるということです。努力すれば「一人前」のマネジャーになることはできますが、「一人前」から先は、3つの問いの中の「強みを磨くプロセスは自分にとって楽しいだろうか」という問いかけが必要になってきます。

転職時の笑い話として、「何ができますか」と問われて「部長ができます」という話があります。「部長ができます」では、何の専門性かわからないということで笑い話になっているわけですが、その見方は間違っています。本当に部長の役割が全うできるとしたら、雇用される力は高いということです。

現代において、マネジメントの技術が高いことは、雇用される力が高いことにつながります。つまり、居場所を確保し続けることができます。多くの仕事は、一人でやるわけではなく、複数の人で行います。その仕事の目標に向けて、働いている人をひとつにまとめて、気持ちよく働かせる能力があれば、様々な組織で重宝がられます。多少業種が違ったとしても、人をまとめる力があるというのは、融通がきく力です。機械に雇用が奪われる時代になったとしても、生存する確率が高い仕事です。

40代以上の転職の場合、マネジメント経験があるというのはひとつのアドバンテージになります。マネジャーになるということは、それはその会社で一定以上の業績を残したという証拠ですので、それなりのことができるのではと考えられますし、採用したいと思う会社では、よいマネジメントをしてもらって業績を上げてほしいと思うでしょう。

よく、「マネジャーになると専門能力が落ちる」という人がいます。ある種の専門性は落ちるかもしれませんが、マネジメントという専門性は身につきます。しかも、それは非常に汎用性の高い力です。少しでもマネジメントの天性があるとすれば、伸ばしたほうがよい特性であると覚えておきましょう。

会社のためだけに働かない

概して、会社はよいところです。

悪い会社もありますが、よい会社もたくさんあります。よいサービスをしたい、よい商品をつくりたい、働いている人に幸福になってもらいたい、と思っている会社はたくさんあります。上司は部下のことを考えます。どうすればもっと気持ちよく働いてもらえるだろうか。どうすれば成長するだろうか。強弱はありますが、部下思いの上司はたくさんいます。

そういう会社に尽くしたいと思うのは、自然の感情です。会社も、尽くす社員に報いたいと思います。相思相愛関係です。しかしながら、常に自分に合った仕事が会社の中にあるとは限りません。特に50代以降は会社の中で貢献できる領域は少なくなる一方で、社外での求人案件が十分にあるわけではありませんから、注意が必要です。50代になってから気づいても遅く、40代、できれば、もっと若いときから自分のキャリアをマネジメントしておく必要があるでしょう。

1990年代終盤のリクルートの企業文化を表す言葉のひとつとして、「リクルートの中で偉くなってもしょうがない」というのがありました。

私は新規事業開発を行っていましたが、新しいビジネスを開発していく際には、社内を気にしてはうまくいきません。お客様も競合も社外にいます。お客様に購入してもらわなければいけないわけですし、多くの競合も社外にいるわけです。社内で認められても、社外の人たちが認めなければ、ビジネスは立ち上がりません。逆に、社内で認められなかったとしても、たくさんの社外のお客様に支持されれば、ビジネスは立ち上がるわけです。当時の人事は、そのことがよくわかっていました。ゆえに、このコピーを打ち出しました。

社員が、社外でも通用するスキルを持っていなければ、リクルート自身も勝てないわけです。また、そういうスキルを持った社員に対して、会社が仕事を用意できなかったとしても、自分で、社外で稼いでいきなさいというメッセージでもありました。

会社のために働かないことが、会社のためにも自分のためにもなるということです。

会社に勤めることによって、居場所を確保することになりますが、それに依存しすぎることは、リスクになります。自分が行っているビジネス、サービス、そして自分自身も社外でも通用するのかどうかということを常に意識することが、居場所を確保することになります。

ここまで、居場所の確保をするためには、それなりの知識、能力、経験が必要であり、「一人前」以上の力が必要であるという話を主にしました。それに一点だけ、つけ加えておきたい視点があります。

それは、「一緒に働きたいと思われるかどうか」ということです。当たり前ですが、彼女または彼と仕事をしていると気持ちがよい、あるいは楽しいと思われる人と働きたいものです。自然にできる人もいますが、それこそ、後天的に磨ける技術です。礼儀正しさ、相手を尊重する、利他的に行動する、愛想よくする。いずれも後天的に磨けます。

どんなに優秀であっても、一緒に働きたくない人はいます。逆に、少し能力的に劣っていたとしても継続的に一緒に働きたいと思える人がいます。「一緒に働きたいと思われる」。そのことによって、居場所が確保されていくと考えられます。

いずれにしても会社の看板にすがらないことです。会社の看板がないところで、どれだけ自分がやっていけるかどうかです。元リクルートで社外で活躍している先輩や後輩を見ていますと、必ずしも「熟達者」である必要はなく、しかし、複数の分野での「一人前」以上の力と、一緒に働きたいと思わせる力があるということが必須条件であるように思えます。そのためにも、前に述べたように、長い期間成長していないとしたら、赤信号です。また、周りの人と気持ちよく働けていなかったとしたら、注意が必要です。会社での居場所も心もとなくなりますし、社外での居場所確保も厳しくなってきます。その感度を磨き、できれば、自分を伸ばせるフィールドを見つけて欲しいと思います。

＊＊＊

この章をまとめてみましょう。

働くことを通して「生き残り」、そして「幸福」であるためには、「自分に合った仕事」を選ぶこととともに、「居場所を確保し続ける」ことが大切だということです。

居場所があると感じることは、「役割感」「被受容感」「安心感」「本来感」を持つことです。必要とされ、受け入れられ、リラックスでき、自分らしくあるという感覚を持てることが必須条件です。らしくない自分を継続することは、ストレスがたまりますし、長続きしません。仮に「自分らしくない」「自分の力をうまく発揮できない」と感じていても悲観する必要はありません。仕事や周りとの関係性を、自分にとって心地がいいように変えていくことはできます。それをジョブ・クラフティングといいますが、組織の目的や目標に適合したジョブ・クラフティングは、個人にとっても組織にとってもプラスになる動きであると考えられます。

また、職場で居場所を確保し続けるためには、仕事をする能力が高いということが主要な要素です。仕事をする力は、座学というよりも仕事経験によって培われていきます。修羅場経験とともに日々の鍛錬によって成長していきます。そして、成長する人としない人の違いは、内省に依存します。仕事経験を自分なりに反芻して、次の行動を考えていくことで、成長をはかることができます。仕事の場は実験の場です。考えてみたことを試してみる。失敗してもいいから試してみる。成功からも学べますし、失敗からも学べます。ときには、業績を気にせず新たな挑戦を行うことが、自分を成長させ、雇用される力を伸ばすことにつながります。そして幸福感を味わうことができます。

同じ仕事をやっていると能力の劣化がはじまります。危機感を持ち、新たな学びに挑戦し続けることが、居場所を確保することにつながります。短期の業績だけにこだわり続けることは、個人にとっても組織にとっても、必ずしもよくありません。また、会社のためだけに働くことは、会社にとっても本人にとってもよいわけではありません。それよりは、自分が行うことは、社会にとってどれだけ価値があることなのかという観点が必要ということです。

自分にとっての「働く」環境や意味を理解し、「生き残る」ことと「幸福になる」ことの両立をはかり、「自分に合った仕事」ができ、「居場所を確保し続ける」ことができれば、豊かに働くことの基礎ができている状態です。この章では、「居場所を確保し続ける」ための能力ならびに能力開発に焦点を当てて考えてきましたが、より大切だと思えること、つまり、その場所において、「自分らしくある」あるいは

「あるがままの自分を受け入れてくれる」ということに関しては十分に触れることができませんでした。

次章では、「自分らしくある」ことを含めて、豊かに働くためには何が必要になってくるのか、述べていきたいと思います。

注

（1）（一社）日本ゴルフツアー機構「ＴＯＵＲ２０１６賞金ランキング（海外メジャー含む）」（http://www.jgto.org/pc/TourAllMoneyList.do?year=2016&tournaKbnCd=0）。
ここでは企業等にスポンサー契約されているかどうかは考慮されていません。

（2）たとえば、Choudhry, N. K., Fletcher, R.H., & Soumerai, S.B. (2005). Systematic review: The relationship between clinical experience and quality of health care. *Annals of Internal medicine*, 142(4), 260-273. や Spengler, P.M., & Pilipis, L.A. (2015). A comprehensive meta-reanalysis of the robustness of the experience-accuracy effect in clinical judgment. *Journal of Counseling Psychology*, 62,(3), 360-378.

（3）コラム『働く』ことについてのこれまでとこれから」（https://www.recruit-ms.co.jp/issue/column）。

6 より豊かに働く

エウダイモニア的幸福

「幸せだね」

「うん。ぽかぽかと暖かくて、幸せな気分」

陽春の日曜日、公園を散歩していたときに、小学校低学年の女の子2人がそのような会話をしていました。子供でも、幸せという概念を持っていて、それを味わえる感覚を持っています。それは、大人たちの会話から学んだのかもしれませんし、テレビのアニメで覚えたのかもしれません。あるいは、童話から得た知識かもしれません。童話では「それから、おじいさんとおばあさんは、幸せに暮らしました」と終わる物語がたくさんあります。子供でも、知らず知らずのうちに、幸せという概念を学習しています。

ジェレミ・ベンサム（Bentham, J.）は、個人の幸福感の和が最も高い社会が最も望ましい社会だと論じています。その際の幸福感とは、快楽が多くて、苦痛が少ないことです。ベンサムに言わせると、快楽がなければ幸せはないということです。古代ギリシアでも、アリスティッポスやエピクロスは、快楽が善であると説いています。現代でも、ダニエル・カーネマン（Kahneman, D.）は、快楽が幸福の基本であり、快楽や喜びの瞬間が多かった人が、幸福な人生を送ったと言うことができると主張しています。過去を総括したときに、今までの人生に満足していれば幸福だと言えます。一方で、小学生低学年の女の子の会話のように、今、この瞬間を切り取れば、喜びや快楽あるいは充足や達成ということが幸福をあらわすことになります。そして、未来を考えれば、希望や楽観が幸福につながっていると思われます。

心理学的に幸福をあらわすとしたら、過去も現在も未来も総合的に鑑みて、満足、充足、快楽、喜び、達成、希望などのポジティブな感情がある状態と言えます。

第3章の冒頭で述べたように、幸福追求の権利は、憲法で定められています。そういう観点から考えると、幸福を追求しなければならないように思えます。しかし、生きている間、ずっと幸福を感じていることがよいことなのでしょうか。議論の余地があると思われます。

アメリカの哲学者のロバート・ノージックは、「経験機械」という仮想の機械をつかって思考実験を行いました。その「経験機械」につながれていると、自分が望むどんな経験もできます。ただし、ずっと脳に電極を取りつけられたまま、タンクの中で漂っています。多様な経験の書庫から自分が好きな経験を選ぶことができます。タンクの中にいる間、自分がそこにいることは意識することなく、すべて実際に起こっていると考えることになります。私たちはそのような機械につながりたいと思うでしょうか。

ノージックは、つながりたくない理由を考察しています。

経験が人工的につくり出された現実に限定されることに、私たちは抵抗感があります。タンクの中では本当の現実を生きることができません。そこでの人生に深みもありませんし、存在理由も乏しくなります。私たちは、人として存在したいと思っていますし、よい経験をつむぎだす人でありたいと思うのです。

また、私たちは、あらかじめ想定された人生を送りたいわけではありません。そもそも、あらかじめ想定できることは限られています。想定外のことが起こるから苦しくもあり、楽しくもあります。また、何かを達成するためには、相応の苦労をしたいと思います。その苦労が実るかどうかわからないから楽しいのです。経験を積み重ねていき、その中で新たな発見や出会いがあり、そこから新たな人生が開けます。逆に閉ざされることもあります。しかしそういうことを全部背負っての人生です。

羽生善治九段は、中学3年生のときにプロの将棋棋士になりましたが、20歳の頃に、同世代の大学生が自分の進路に悩んでいることを羨ましく思っていたそうです。将棋棋士になったことには後悔はありませんでしたが、進路に悩むということを味わってみたかったという話です。悩むことは苦しいですが、悩むがゆえに人生を味わっているとも言えるでしょう。

極端な話、自分が望む人生をその通り経験できるとしたら、生きている意味がないと感じるのではないでしょうか。何が起こるかわからない生身の人生を送りたいと、私たちは望みます。単に幸せでありたいわけではありません。

私たちの多くは、厳しい現実があったとしても、経験機械につながれたいとは思いません。ジョン・スチュアート・ミルが言うように、「満足した豚であるよりは不満足な人間である方がよく、満足した馬鹿であるよりは不満足なソクラテスのほうがよい」と思う人が多いのではと思われます。

そうすると、第1章の「漁師とビジネスマン」の話にあるビジネスマンの人生も違う解釈をすることができます。最終的に漁師のような生活をするにしても、「自分の可能性をいろいろと試してみること自体に価値があり、生きている実感を得ることになる」、あるいは「様々な経験をすることに価値がある」と言えます。

オルダス・ハクスリーのディストピア小説『すばらしい新世界』は、西暦2540年を描いたSF小説です。この中で、人は生まれながら、アルファ、ベータ、ガンマという階級によって厳密に区別・管理され、就ける仕事は階級によって決められ、階級間の情報は統制され、階級は互いに嫌悪感を持つように教育されています。そもそも人間は工場でつくられ、幼児期から誰もが社会のために働き、誰もが幸せであると徹底して洗脳されています。それでも不安に感じることがあるので、「ソーマ」という薬が用意されています。その薬を飲むことによって、生きている間、誰もが幸せを感じていられるという設定です。専制支配されているが、社会的不満もなく、愚痴をこぼさず働く人間だけで成り立つ社会を描いています。

このハクスリーの小説は、1931年に書かれたものですが、現代でも読み継がれています。不安や不満がなく、幸福に満ち足りた社会は、私たちが欲している社会なのでしょうか。「ソーマ」という薬を飲めば不安を感じなくなりますが、そういう薬があるとしたら、飲んでみたいでしょうか。

遺伝により、たまたま幸福を感じにくい気質に生まれたとしたら、幸福を感じやすくする薬は、必ずしも否定されるものではありません。ただ、そういう人に対して、ハクスリーの小説の世界のように、薬を飲むことを強要する社会には抵抗を感じます。そういう意味で、幸福の追求は権利であって、義務ではありません。追いかけてもいいし、追いかけなくてもいいものです。ただし、前述したように、世の中には幸福を感じやすいタイプとそうでないタイプがおり、どうすれば幸福を感じやすくなるのかということは、知識として知っておいて損はないでしょう。

話を戻します。

私たちは、基本的には、快楽や喜びを好み、悲しみや苦しみを嫌います。そのことは認めつつも、快楽や喜びなどのポジティブな感情だけを追いかけることが人生の目的であると言われると、本当にそうだろうかと思います。確かに、快楽や喜びのようなポジティブな感情を求めがちですが、悲しみや苦しみがあるからこそ、快楽や喜びが味わえるという側面もあると思われます。

そういう意味では、幸福という概念は難しい概念であると、あらためて思います。私たちは、様々な感情を持ち合わせており、それらを満喫することも大切ではないかと考えます。反対意見はあるかもしれませんが、単に快楽や喜びだけで満たされる人生ではなく、悲しみ、痛みや怒りや悔しいという感情も感じる人生に意味があるのではないかと考えています。そういうことが味わえるからこそ、人の痛みがわかりますし、よいことは素直によいと感じることができますし、喜びを深く味わうことができます。

文化によって、幸福観は異なっています。アメリカやラテンアメリカでは、喜びやドキドキ感のようなポジティブな感情の頻度が多いほど幸福だと思っていますが、ドイツやフランスであれば、ネガティブな感情をたくさん経験してきた人のほうが理想の人生を送っていると思われています。日本では、ポジティブな感情を常に望ましいと思っているわけではなく、ネガティブな感情もそれほど回避すべき感情と思っているわけではないことがわかっています。[1]

幸福を単にポジティブな感情と定義するのではなく、アリストテレスが言うような「よく生きる」あるいは「生きがいのある人生を生きている」と定義していくと、人の価値観の問題を扱うことになります。価値観の問題を扱うとなると、人それぞれであり、哲学的な問題であり、心理学としては扱いにくい問題となってきます。

キャロル・リフ（Ryff, C. D.）は心理学者ですが、ポジティブな感情の頻度や量を扱う狭義の幸福感ではなく、ネガティブな感情を含めて、より広い概念の幸福感を扱うべきであると提唱しています。単なるポジティブ感情の「幸せ（happiness）」とは異なる概念である「心理的ウェルビーイング（psychological well-being）」という概念を用いて、科学的な検証を行っています。

20世紀後半の幸福研究は、測定が容易なポジティブ感情に関するものが多く、それに違和感を持ったリフは、より本質的な議論を展開しています。人の「ウェルビーイング（よく存在する）」を考察し、マズロー、エリクソン、ロジャーズ、オルポート、ニューガルテンなど、過去の偉人たちの理論を援用して、「ウェルビーイング」に関して、次の6つの構成要素を提案しています。

①自己受容：自分のよいところ、悪いところを多面的に理解し、受容しており、自分に対して

ポジティブな感情を持ち、これまでの自分の人生に対しても、これでいいのだという感情を持っている感覚です。人生の満足の概念よりも、より深い概念です。

②他者とのよい関係性：他者を気遣い、他者に対して強い愛情や親しみを持っており、他者とあたたかく、信頼感あふれる関係性を維持しているという概念です。

③自律性：自分自身の考えを持ち、他者に流されず、社会的な圧力に対して抵抗力を持っており、自分で決めることができるという概念です。自分に対して自分で評価することができます。

④環境の制御：自分の必要性や価値観に応じて、自分の周りの環境を選択あるいは創造することができ、環境に流されるのではなく、自分でコントロールしている感覚を持っているという概念です。

⑤人生における目的：人生や生活に対して、何かの目的や方向感を持っている、あるいは、過去や現在の人生に意味づけを行っているという概念です。

⑥人格的成長：新しい経験に対してオープンであり、自分の潜在能力を開発しようと思っており、継続的に自分を高めることや知識を吸収することに貪欲であるという感覚を持っているという概念です。

この6つが構成要素として正しいのか、すべてを包括しているのかというところは議論の余地はありますが、幸福を語る上では、ポジティブな感情だけを扱うよりは、より納得のいく構成要素であると思われます。自分の悪いところを受容し、自分自身の考えを持ち、ときには毅然として甘い誘惑を断り、自分の成長のためには苦しむことも厭わないということは、その時々の満足や快楽などのポジティブな感情とは相容れない概念ですが、逆境や修羅場においても、意味を見出し、よりよく生き、人生を深く味わうことをあらわした構成要素であるとも言えます。

のちにリフは、「心理的ウェルビーイング」という概念を「エウダイモニック・ウェルビーイング」という名称で扱っています。アリストテレスの「エウダイモニア」の概念を継承しています。アリストテレスは、人間が追求すべき最高善を、「よく生きていること」と「よくやっていること」とし、エウダイモニアという概念を提唱しました。日本語訳では、エウダイモニアは「幸福」と訳されていますが、単にポジティブな感情の幸福ではなく、人は自分の強みをいかし、自分の可能性を追求し、生来あるべき姿になるように生きることがよい人生であると述べています。

「キャリアデザイン」と「プランドハップンン」

未来のキャリアを描くセオリーを乱暴にふたつに分けるのであれば、「キャリアデザイン」陣営と「プランドハップン（計画された偶然）スタンス」陣営があります。[2] 何かを成し遂げたいと考えるのであればちゃんとデザインしましょうというのが前者であり、大まかな方向性は置くものの何が起こるかわからないから、何が起きてもいいように構えておき、微細にデザインするよりも行動しましょうというのが後者です。

時代は不連続で、混とんとしており、デザインできる状況ではないので、時代的に、デザインよりもプランドハップンが好まれている雰囲気があります。しかし、何か成し遂げようと考えたときに、明日のキャリアをデザインすることなしに成し遂げるのは簡単ではありません。

同じたとえ話になりますが、散歩に出かけていって富士山に登ってしまうということはおそらく無理です。富士山に登るためには、道具をそろえなければならないし、登るために身体を鍛えておく必要もあります。つまり周到な準備が必要であり、デザインが必要です。何より、富士山に登ろうと思わなければ富士山には登れません。

同様に、何かの専門家になろうと思えば、自分なりに明日のキャリアをデザインし、必要な知識とスキルを身につけることが求められます。時代が混とんとしているから、デザインを放棄するというのは短絡的すぎます。

キャリア研究の第一人者である金井壽宏氏も、「いいものに出合い、偶然を生かすには、むしろすべてをデザインしきらないほうがいい」と述べる一方で、「たった1回限りの人生やキャリアの全体を、自然な流れにずっと任せっぱなしにはできないだろう。大きな方向づけや、夢や抱負は必要だろう」と述べています。

大久保幸夫氏の言葉を借りれば、キャリアデザインは「山登り」であり、プランドハップンは「筏下《いかだ》り」です。彼は、若い頃は「筏下り」、中堅以降は「山登り」を推奨しています。何が自分に向いているかわからないし、どんな仕事でも能力開発につながるのだから、自分のキャリア目標にこだわらず、どんな仕事でもやってみる「筏下り」のスタンスで仕事にのぞみ、中堅になってから、なんでもやるのではなく、自分で山（キャリア目標）を定め、そこに登っていく準備をしなさいということです。生きていく上で、必ずしも、みなが山に登る必要はありません。散歩で十分であるという人は、それはそれでいいし、否定しません。そういう人生も大いに尊重したいと思います。

問題は、自分が山を見つけて挑戦するタイプなのか、それとも散歩を謳歌するタイプなのか、自分自身のことをわかっていることが大事です。みんなが登るからということだけで山を登っても本人は楽しくありません。逆に、挑戦するのが生きがいの人にとっては、散歩は退屈に思えるでしょう。

前述したように、「いい大学に入って、いい会社に入る」というそのモデルはほぼ崩れています。そうなると、自分で自分のモデルをつくっていく必要があります。隣の人が山を登っているから、自分も登るという時代ではないということです。ある意味、多様な生き方の時代であるし、自由な時代ですが、それはそれで、多くの人にとって苦痛です。人は人の真似をするものであるし、そのほうが深く考えなくてよいので、楽でもあります。しかし、時代は戻りませんし、自分なりに考えないといけない時代と言えるでしょう。

山登りをするタイプか、散歩をするタイプかを見きわめても、それで生き残れるかどうかはまた別問題です。山登りをすれば、足を滑らせ、崖から落ちる可能性もあります。ガツガツと仕事をするタイプで厳しい会社を選んだが、体を壊してしまうということもよくあることです。一方で、気楽に働いていても、会社が倒産することもありますし、業績が悪化してリストラされることもあります。何があるかわからない時代です。

「キャリアデザインをしなければならない」「デザインしても仕方がない」、あるいは「若い頃は筏下りで、中堅になったら山登りである」などのアドバイスは相応に有効ですが、豊かに働くという観点では、どういうアドバイスが考えられるでしょうか。

私のこたえとしては、「将来に対して、目的あるいは方向感を持ち、今日、コントロールできることに集中し、コントロールできることを楽しみ、コントロールできないことを受容し[3]、そして自分を受け入れる」ということではないかと考えます。

先で触れたリフの6つの構成要素は、働く人に考慮して欲しい要素でもあります。本書の最終章として、6つの構成要素を考慮しながら、豊かに働くために、「目的を持つこと」「コントロールできることに集中し、コントロールできないことを受容すること」「ありのままの自分を受容すること」の3つに触れたいと思います。ここで「豊か」というのは、「エウダイモニアック・ウェルビーイング（エウダイモニア的幸福）」と同様の意味合いで使っています。

目的を持つ

メンタルヘルス疾患になった際に、生きている意味を感じられませんでした。いずれ死ぬのであれば、生きていても仕方ないと思いました。忙しい日常に隠蔽されていた、いわゆる実存に対する不安がひょっこり表出したという感じでした。

じゃあ、「今、ここで死ねるのか」と問われると、死にたくないというよりも、死ぬのが恐くて仕方がありませんでした。生きていても意味がないと思うのであれば、死ねばいい。でも死ぬのが恐い。それはどういうことなのか、ということを数カ月間、悶々と考えていました。


行き着いたこたえは、単純なものでした。


「死ぬのが恐い」ということは、生きていることに何らかの意味があるからではないかと思えました。「意味がないかどうか。あるいは、今後、生きていていいことがあるかないかは、今はわからないというのが正しい気がする」「意味がないと決めつける必要もない。生きていればいいことがあるかもしれない。だから今、ここで死ぬことを躊躇しているのだ」というふうに思うようになりました。実際、病気が回復するに従って、生きていることは、それ自体が楽しく、生きているだけで丸儲けだと思えてきます。自分が置かれている境遇や楽しくさせてもらっている状況に関して、日々、感謝していました。

そして、日々楽しくやっているのだから、生きていく上で、あらたに、何かの目的を持つことが有用であるかどうかはよくわからないと感じていました。ただ、自分に与えられている能力があり、それを十分に使うのが、生きている責任ではないかと、病気を患っている間、薄々思っていました。

各人には、いろいろな能力が与えられています。すでに開発されている能力もあれば、まだ開花していない潜在能力もあります。それらの能力を生きている間に使わないというのは、なんとも失礼な話であると思えます。ある能力を持っていない人から見たときに、その能力を活かしていない人を見ると、腹立たしくなるかもしれません。社会のためにも、各人がその能力を使うという考え方は、検討に値する考え方であり、少なくとも人には、自分の能力を見きわめて、その能力を活かすことを勧めます。それは、自分の居場所を確保する方法でもあるし、アリストテレスが言うように、幸福なことであると言えます。

「自分の能力を活かす」以外に目的を持つことの合理性はあるでしょうか。

私たちを突き動かしているものをもう少し考えてみましょう。

もっと生活水準を高めたいと思っている人は多いでしょう。

第1章で触れましたが、すでに物質的に豊かであっても、それでは満足できず、ついもっともっと稼ぎたい。そして、よりよいものを、よりよいサービスを享受したいと思ってしまいます。一時的とはわかっていても、やめられずに浪費をしてしまい、そのような浪費を支えるために、長い時間働いてしまいます。激しく働けば、ストレスがたまります。そのストレスを解消するために、また何かを購入してしまいます。ジュリエット・ショアが言うところの、働きすぎと浪費の悪循環、ワーク・アンド・スペンド・サイクルです。働いても、働いても豊かにならないラットレースです。

不安や恐れに駆り立てられている人も多いでしょう。

第2章で述べたように、生き残るために、明日に向けて準備をすることばかりになり、今日、生きることを忘れてしまいがちになります。なかなか幸福を味わうことができません。あるいは、目の前にある好機を失ってしまうかもしれません。恐れてばかりいれば、新しいことをやることが恐くなってしまいます。つい安全策をとり、現状維持を望みます。無謀ではいけませんが、リスクをとらなければ、得るものがないというのも事実です。

周りから認められたいと思っている人も多いでしょう。

人は一人で生きていけませんので、周りから受け入れてもらわないといけません。まずは両親から受け入れてもらわないといけませんし、学校に行けば友達や先生から認められなければ学校に行くのが辛くなります。会社に入れば、同僚や上司から認められなければ、仕事を続けていくことは難しくなります。

誰かに認められたいという思いで、消費をしてしまうことがあります。見せびらかしの消費であり、虚栄心の消費です。少しいい服を着たい。少しいいクルマに乗りたい。少し広い家に住みたい。子供には、少しでもいい成績をとって、いい学校に行ってもらいたい。私たちの行動に虚栄心が見え隠れしています。

認められることで、自分に自信が出てくるのも事実です。何かすぐれていれば、そのことで周りから認められ、自信も出てきます。その分野をもっと磨こうと思えます。自尊心は、自分だけで完結する話ではなく、周りとの関係性の中で生まれます。周りからすごいと言われることで自信が出てきて、それは励みになります。

しかし、認められたいということに依存すると、人がどう思うかが気になり、そのことばかりにとらわれることになります。友達の声に右往左往。上司の声に右往左往。周りから見ると、その人は浮き草のような存在になります。何を考えているのかわからない頼りにならない人に見えてきます。そのことがわかっているから、ますます受け入れられようとして、周りにご機嫌をとり、そのことで周りから軽くあしらわれるようになります。他者依存の悪循環になります。

「生活水準を高めたい」「不安に駆られる」「周りから認められたい」という思いは、ゼロにはできません。しかし、目的意識を持つことによって、そういう思いとバランスをとることができます。

何か目的を持っていれば、不必要に不安に駆られることはありませんし、虚栄心をいだくことも少なくなります。目的を持って生きている人は魅力的に見えますので、自然と周りから認められていきます。そういう意味で、自分なりの目的を持つことを勧めたいと思います。

目的を持つ効用

「人生における目的」を持つ効用は、様々な研究で実証されています。

子供と死別した親を長期にわたって追跡したキャサリン・ロジャース（Rogers, C. H.）らの研究では、「人生における目的」を持っている親のほうが、悲しみから回復していることがわかっています。子供の死は何事にもかえがたい悲劇のひとつですが、何らかの目的を持っていれば、その悲劇から回復することができるという話です。

あるいは、エリオット・フリードマン（Friedman, E. M.）とキャロル・リフ（Ryff, C. D.）によれば、高齢期に疾患にかかったとしても、「人生における目的」を持っていることで、体内の炎症は抑制されていることが検証されています。高齢期には、慢性疾患にかかりがちですし、老化も進行します。しかし、何らかの目的を持っていれば、疾患による機能低下を防ぎ、老化を遅らせる効果があるということです。同様に、パトリシア・ボイル（Boyle, P. A.）らによると、何かの目的を持っていることが、高齢期の認知機能の低下を防ぐことや脳卒中や心筋梗塞の発症リスクを下げることも報告されています。

そのような結果は、驚くようなことではありません。何か生きがいを持っていれば、健康であることや長生きすることは、なんとなく皆が知っていることです。だから、高齢者は生きがいを求めて、働いたり、社会貢献をしたり、ボランティア活動をやったり、趣味に没頭したりしています。

目的意識を持っていれば、モチベーションは高められ、その行動は強力になっていくでしょう。しかしながら、何らかの目的を持つことは、天職を見つけることと同様に難しいと思われます。人によっては、天職感を持つことは、人生における目的を持つことと同義かもしれません。

「人生の目的」を設定する方法

有用な「目的を持つ」ことはすぐにできないかもしれませんが、「目的を持つ」ということを決めることはできます。

たとえば、先に触れた「自分の能力を十分に活かすこと」というのは、生きていく上での目的のひとつになります。あるいは、仕事という観点では、「ライフワークをやり遂げる」ということも目的のひとつになるでしょう。ライフワークと自分の能力を活かすということは別問題ですが、ライフワークをやり遂げようと思えば、自分の能力を活かしきったほうが自分ならではのライフワークがやれると思われます。

ライフワークについてもう少し考えてみましょう。

生涯を通して、実現したい仕事とは何でしょうか。

多くの人にとって、難しい問いかもしれません。日々、楽しい仲間と楽しく仕事ができればいい。お客様から何か感謝されればいいということかもしれません。教師であれば、おおげさな目的はなく、日々、ひとりでも生徒にわかったという体験を積ませることかもしれません。医者であれば、日々、一人ひとりによい治療ができることかもしれません。

もし現状に満足しており、それ以上に望むことがなければ、あるいは、将来に対して不安がまったくなければ、目的を持つ必要はないでしょう。

ただ、自分だけが満足すればよい話なのかどうか、よく考えてみてください。私たちは、社会によって生かされています。これまでも一人で生きてきているわけではなく、これからもそうでしょう。私たちを取り巻く社会は、必ずしも問題がないというわけではないことは、自分の人生における目的を考える際には、大事な視点です。もしうまく人生の目的が設定できないということであれば、社会の問題に注目するのもひとつのやり方だと思います。

自分は満足していても、社会に不安や不満や不正があれば、それに対して私たちは働きかけることができます。環境問題、教育問題、伝統文化の継承、動物保護、ブラック企業問題、人権問題、医療問題、介護問題、格差問題、恵まれない子供や弱者への支援、過疎化する地域、子育て世帯への支援、空き家問題、被災地支援等々、日本には社会問題はあふれています。

自分のための目的ではなく、他者のための目的。あるいは、社会のための目的を設定することによって、他者や社会とつながることができ、そのことが自分の幸福に好影響を与えます。つまり、社会的な問題の解決を自分の目的と置いてみると、同じような目的を持った仲間とつながることができます。あるいは、他の人から支援してもらえるかもしれません。

目的は合理的には決められない

進路を決めることに難しい理由は、そういうことを考えることに脳が慣れていないからとも考えられます。人類の祖先が誕生して数百万年の歴史がありますが、進路を考えるという経験はせいぜいここ100年くらいの話です。それまでは、とりあえず生き残ることと、自分の祖父母や両親が行っている家業を引き継ぐこと、あるいは、親が決めた人生を生きることが主でしたので、自分で進路を決める必要はありませんでした。

何らかの問題があり、その問題の解決を考えるということは、人は得意ですが、何もないところで、自分の進路や目的を決めることは、難しい作業であると考えられます。無数の選択肢から選ぶための合理的な方法もありません。正解はありません。知的能力が高い人であったとしても、うまく自分の進路を決めることができない人も多数います。

若いときに進路を決めることで、その後の人生がある程度決まるという観点では、何らかの方向性や目的を決めることは重要です。一方で、一度決めたものでも、のちに変えることができます。いくらでも変えることができるとは言いませんが、違うレールに乗り換えることはできます。

たとえば、ノーベル賞学者の山中伸弥氏は、若い頃は臨床医を目指していました。しかし、手術が得意でなかったこともありますが、整形外科ではうまく治せないケガに対して、フラストレーションを感じてもいました。そんなとき、外科のアプローチでは治せないケガも再生医療技術によって治せる可能性があることを知り、20代後半に研究者の道を歩むことを決めています。

若い頃に決める進路は、完璧な進路である必要ではありませんし、長いレンジの目標である必要もありません。おおよその方向でよいですし、立派なものである必要もなく、数年レベルの短期レンジのものでかまいません。とりあえず、のめり込めそうなもの、仮決めでよいのです。

何も決めないよりは、仮決めしておくことのほうが、現代を生き抜く上で必要なことです。それは、本質的ではないかもしれません。ただ、何かを決めておかないと前に進めないのも事実です。何らかの方向性を定めておかないと、進学もできないですし、就職もできません。「私はこういうことをしたいと思います」と言えることが必要なことであると思います。

第30代東京大学総長の五神真氏は、大学時代に将来の進路に迷っていました。「真理を追究する」か「人の役に立つことをする」のか、決めかねていました。そのことを大学の先生に相談しています。五神氏は「真理を追究して研究していれば、それはいずれ人の役に立つものになる」という話を聞いて、研究の道に進むことを決めました。

人の進路には正解はありません。合理的に決められるものではありません。なので、エイヤ！と決めるしかありません。ただ、決めるための努力はできます。単に何が向いているだろうと考えるだけではなく、人生の先輩に相談してみる、話を聞きに行く。尊敬できる人の本を読んでみる。そういうことはできますし、そこまでやれば、自分なりに納得できる解は見つかるものです。五神氏がすぐれていたところは、大学の先生に相談したことです。わからなければ相談をしてみる。とりあえず、そこまでの行動をしてみることを勧めます。そこまでの行動をやっていなくて、何をやったらいいかわからない。だから、一歩も踏み出せない。そういうことは最も避けてほしいことです。

トラウマ経験からも「人生の目的」が設定される

人生の目的は、突発的な出来事によって、設定されることもあります。

幼いときに医者によって親の病気が治った経験をトリガーにして、医者になり、多くの人たちの病気を治すことを人生の目的にしている人がいます。あるいは、貧困家庭の子供たちの生活を目の当たりにして、彼らの成長を支援することを決めた人もいます。

病気、事故、自然災害、離婚や離別、大切な人の災難や死などのトラウマ体験は、人にとって避けられないことです。しかもそのようなことは、突然、訪れます。予想もできず、コントロールできるものではありません。しかしながら、そのような逆境は、人生における目的や意味を設定するきっかけになることも多いようです。そこで設定される人生における目的や意味は、トラウマ後のストレス障害からの回復を促進するだけではなく、私たちに成長を促すこともわかっています。「トラウマ後の成長」と言われるものです。

トラウマ後の成長研究の第一人者であるイギリスのスティーヴン・ジョセフは、1980年代の後半に起こった海難事故の生存者に対する調査を行い、トラウマ経験後に前向きの変化があることを発見しました。ほとんどの生存者は、大勢の死者がいたにもかかわらず自分が生き残ったことの罪悪感や恥辱感などの苦悩を感じていました。そして、46％の人が人生に対する見方が否定的に変わったとこたえていた一方で、43％の人が肯定的に変わったと回答していました。

トラウマ的な悲劇にもかかわらず、人生を肯定的にとらえるようになったというのは驚きの結果です。その結果は、偶然ではなく、その他の事故生存者からの回答でも同様の結果が得られました。

「人生を当たり前のものとは思わなくなっている」
「以前よりも、人との関係を大切にするようになっている」
「以前よりもおとなになったように感じている」
「周りの人やものの存在を当然視しなくなっている」
「毎日を贈り物のように考えている」

病気の際に健康な体のありがたさを知るように、悲劇を経験することによって日常のありがたさを知る。と同時に、自分が生きていく上での目的を設定し始める人もいます。身近な人の死によって、その死に至らしめた病気を撲滅するための活動を、人生における目的とした人々は少なくありません。

そういう意味で、人生における目的は、偶然の出来事によってつくられることもあるということです。今、自分に目的がなくても、悲観することはありません。偶然につくられることもあるということです。

希望を持つということ

玄田有史氏は、2005年から希望学を提唱し、希望に関する研究を行っています。今は辛くて厳しかったとしても、希望があれば生きていけます。希望には、人生における目的と同じような効用があります。トラウマ後成長研究のジョセフも、「希望」は心の傷を乗り越えるための原動力になると述べています。希望を持つことで、心にエネルギーがみなぎり、楽観的に将来を見据えることできます。

悲惨な状況におかれたとしても、何らかの希望、目的、あるいは意味を持つことで、私たちは、乗り切ることができます。アウシュヴィッツ収容所に送られたヴィクトール・フランクルの経験がそのことを雄弁に語っています。強制収容所での悲惨な日々を生きのびることができた人は、未来に対する希望、生きる意味を見出せた人々でした。クリスマスから新年までに、大量の死者が出ていました。その大量死の原因は、クリスマスには家に帰れるという、根拠のない希望にすがって生きていて、その見込みがないことがわかると落胆と失望にうちひしがれたということからでした。未来に対する希望あるいは目的と免疫力は相関するという話です。当たり前の話かもしれませんが、私たちを奮い立たせるのは、生きる目的であり、生きる意味です。フランクルは、ニーチェの格言を引用しています。

なぜ生きるのかを知っている者は、どのように生きることも耐える

ゆえに、生きる目的を、ことあるごとに意識させる必要があるとフランクルは述べています。さらに、自分を待っている仕事や人がいて、それにこたえる責務があり、そこから降りることはできないということも言っています。生きている以上、自分の能力を十分に活かすということも、責務として入っていることでしょう。

希望が失望に変わることはよくあることでしょう。しかし、希望は修正していくこともできます。そして、それが、やがてやりがいにつながっていくと玄田氏は述べています。

大学の就職セミナーでは、OB、OGの話は人気があります。どうすれば、理想の働き方ができるのか学生は興味津々です。セミナーが終わった後、「キャリアって結構回り道が多いんですね」という感想をもらす学生は少なくありません。あっちに行って、こっちに行って、回り道しながら、いろいろと迷いながら、人はキャリアを積み重ねていきます。最初に目指していたものと違うところに来ていることもしばしばです。

しかし、繰り返しますが、最初に、こっちのほうかなと決めることが大事です。決めているので、ああこれは合っている、これは合っていない、と検証することができます。しかもほとんどの経験は無駄ではありません。何らかの役に立つということがしばしばあります。そのことをスティーブ・ジョブスは、コネクティング・ザ・ドッツと言いました。大学時代に学んだカリグラフィの知識がのちの Mac の複数の

フォントにつながったという話です。

ユングであれば、そのことをコンステレーションと呼ぶでしょう。コンステレーションは、日本語で「布置」とも言いますが、星座のことです。星一つひとつには意味はありません。しかし、星をつなげてみることで、意味を付加することはできます。オリオン座、さそり座……。そして、そこに物語をつくることができます。私たちのキャリアも、過去を振り返ると、それぞれに意味を持たせ、物語をつくることができます。玄田氏の研究によると、過去にうまく意味を持たせることができた人ほど、未来の希望を語ることができるということです。

何かの目的や希望を持つ。そして失敗し、挫折を味わう。次にチャレンジをする。すなわちこれは、PDCAを回すということです。PDCAを回すことで、人生を能動的に動かすことができますし、工夫をすることができます。すべては実験です。実験には失敗がつきものです。次には失敗しないように、工夫するのです。

希望や目的を持って、その実現に向けて、実験し、学ぶ人生は楽しいと言えます。当然、失望や失敗を経験します。ときには、悲惨な状況になるかもしれません。しかしながら、そこからも学び、人生を肯定的にとらえることができるのです。

すべてがうまくいく人生はおそらくつまらないですし、成功ばかりしていれば、あまり学べないでしょう。そういう意味で、目的を持ってみましょう。きちんとした目的である必要はありません。やってみて、また変わる可能性もあるわけですから、暫定的な目的でかまいません。それを目指してやってみる。やってみたところで、いろいろなことがわかってくるということです。

そして、その際に大事なのは、コントロールできないことがあることを知ることです。コントロールできないことを懸命にコントロールしようとすることは不毛です。私たちはすべてをコントロールできるわけではありません。また逆に、コントロールできることは何かを知ることも大切です。コントロールできることに集中して、できないことを受容する。当たり前のことですが、豊かに働く上では、大切なことと思われますので、もう少し掘り下げて議論してみたいと思います。

コントロールできることに集中し、コントロールできないことを受容する

「コントロールできることに集中し、コントロールできないことを受容する」ことは、本書を通底する主張になっています。

私たちは、コントロールできるのにコントロールしなかったり、コントロールできないことをコントロールしようとしたりして悩みます。今日という日をどのように使うかということは、コントロールできることです。怠惰にすごすこともできれば、ストイックに使うこともできます。明日のキャリア目標を達成させようと思えば、そのための行動が必要になります。

では、コントロールできないことは何でしょうか。

たとえば、生まれてくる国はコントロールできません。しかし、少なくとも今の段階では、日本は治安

がよく、戦争もありません。暴力に対して不安におびえて暮らす必要はありません。幸いにも、今日の食糧にありつけないということは、現代日本において、ほとんどないことです。歴史を振り返っても、最貧国が置かれた状況から考えても、今の日本社会にいる私たちは、大変恵まれた環境にいます。大いに感謝すべきことであると思います。

また、過去もコントロールできません。過去にできなかったことを悔やんでも仕方ありません。しかし、過去をどのように解釈するかということはコントロール可能なことです。素晴らしい人生であったとも解釈できますし、悲惨な人生であったとも解釈できます。

知能、運動神経、身体的な特徴、気質、顔、自然現象、他者の行動。コントロールできる部分もありますが、おおよそどうにもならないことがほとんどです。しかし、努力でカバーできる部分もあります。訓練すれば、運動能力は高まります。身長はコントロールしにくいですが、体重はある程度変えられます。性格も小さい頃に決められる部分もありますが、大人になってから変えられる部分もあります。他者の行動もまったく変えられないわけではありません。マネジメントの歴史は、他者の行動を自分の思うように変えるためにどうすればよいのか考えた歴史でもあります。

問題は、コントロールしやすい部分としにくい部分の線引きをどうするかです。まさに識別する能力が試されるところです。

どんなに頑張ってもダメ。人にはできるのに自分はできない。自分には才能がないと思って諦める。一方で、いやいや、いずれできるはずだと思って、頑張ってみる。できないけど頑張る。できるまで頑張る。そして、できるようになる。そういう成功体験をたくさん聞かされています。だから、頑張ってみる。しかしできない……。

どのあたりで、自分の才能に見切りをつけるのか、考えどころです。頑張ってもできなかった人の話はあまり表に出てきませんが、それはそれで頻繁にあることです。


話を、働くことに絞って考えますと、自分でコントロールできることはたくさんあります。意志と行動、場合によってはお金が必要ですが、多くはコントロール可能です。

たとえば、医者になりたいと思ったら、医学部にいけるよう勉強して医学部に入り、国家資格をとり、病院に勤めます。社長になることもコントロール可能です。目の前の仕事で業績を上げ続け、経営者に必要な知識やスキルを身につけていけば、その確率は高まります。しかし、コントロールできることもありますが、コントロールできないことも多いでしょう(4)。昇進させるのは、自分ではなく、上司たちです。ポジションは有限であり、同僚に自分よりも適任の人がいれば、自分に番は回ってきません。上司、同僚、組織の状態など、自分がコントロールできないことが多いという話です。社長になりたければ、生え抜きではなく、外部労働市場を通じて、手を挙げて社長になることのほうが現実的です。実際に、社長のポジションは、エグゼクティブサーチ会社を通じて募集していますし、外部出身の社長はたくさんいます。

人と争うスポーツでも、コントロールできないことは、よくあります。速く走るための訓練はコントロールできます。昨日より今日の記録を伸ばすことはできます。しかし、自分より速く走る人がいれば勝てません。自己ベストの更新はある程度コントロールできますが、人との競争の結果はコントロールできません。相手が早ければ勝てません。しかし、そのことで妬んだり、悩んでも仕方ありません。ライバルに負けないように頑張ることで、自らの能力を高めることができます。自分ができることに集中するしかありません。

一方で、コントロールできることなのに、していないということもしばしば見かけます。英語のスピーキングがうまくなりたければ、たくさん英語をしゃべるしかありません。それなのに、自分はしゃべれないし才能がないと嘆いている人がいます。学校で英語の勉強をさんざんやったのに、ろくにしゃべれないという人もいますが、日本の普通の学校では、そんなにスピーキングの機会があるわけではありません。結局、やっていないだけということも少なくありません。

そういう意味で、キャリアはコントロールできます。思うようなキャリアは必ずしも積めないかもしれませんが、今日、自分ができることをやってみるしかありません。行動することで視界は開けてきます。前述したように、宝くじは、買わなければ当たらないということです。思うだけでは、思いはかなわないのです。行動をしなければ前に進めません。「それを私にやらせてください」と、まず手を挙げてみることであり、人より少し早く起きて頑張ってみることです。ただ、頑張れば必ず報われるわけではありません。何に対して、どのように頑張るのかということが大切です。

「やればできる」「夢は叶う」というのは事実です。ほとんどの自己啓発本にも、そう書いてあります。単に精神論を述べているものから科学的な根拠に基づいているものまで様々ですが、多くは「自分を律して、努力をすれば報われる」ということが書いてあります。キャロル・ドウェックは、「やればできる」という知能観を持っている人のほうが実際にできていることを実証しています。ドウェックの言っていることは、当たり前のことかもしれませんが、私たちは、つい「やってもできない。才能がないんだな」と思ってしまいがちですので、あえて「まだまだできるんだ」と思ってみることをくせにすることが大切だとわかります。

ただ、懸命にやればそれでよいのかと言うとそうではありません。第5章でも触れましたが、アンダース・エリクソンらは、やみくもの努力ではだめで、「熟慮された鍛錬」によって、熟達していくことを明らかにしています。先に詳しく触れたので、ここでは割愛しますが、エリクソンは、熟達するためには、「もっと頑張る」のではなく、「別の方法を試す」ことだと言っています。優秀なコーチや教師や上司は、直面している問題を理解して、別の方法に関するヒントを提供します。人によって上達の仕方が違いますので、引き出しの多さがコーチや教師が優秀かどうかの差になるところと言えます。また、必ずしも楽しくない練習をするにあたって、コーチや教師や上司の励ましが大きな要素になりますので、それも存在意義であると言えるでしょう。

仕事ができる力を開発することや自らのキャリアを開いていくことは、コントロール可能です。たいていのことは「やればできる」と思えばできるでしょう。ただ、やみくもに努力するのではなく、何を具体的に伸ばしていけばよいのか、そのために何をすればよいのか、「よく考えられた鍛錬」を行うことで、熟達することができます。

そこまでのことがわかっているのにできないという人もいます。

理由はいくつか考えられます。そこまでしてやる価値があるかどうか決めかねているということがひとつめの理由です。鍛錬をしようと思えば、それなりの時間をコミットすることになります。そこまでの覚悟が持てないということです。たとえば、英会話がゆくゆく大事そうだと思っていても、本当に時間を割いてまでやることなのかどうか決めかねていたりします。あるいは、時間を割いてやっているのだけれども、そのことを実践する場がなければ、徐々にやるのが億劫になってくることもよくあります。

ふたつめの理由として、鍛錬すべき領域が絞れていないということがあります。あれもやりたいしこれもやりたいので、的が絞れない。当然、何かの領域を鍛えるということに本気になれない。このようなことはありがちです。

3つめの理由として、本気になるのがこわいということがあります。本気にならなければ、失敗することはありません。できなくても、まだ本気になっていないという言い訳ができます。本気になればできるけれど、本気でやっていないからまだできないと言えます。そういう理由で、最初の一歩を踏み出せない人も少なくありません。

さて、ここまでは、多くの自己啓発本で書かれていることと同じです。目標を定めて、「自制心」を鍛えて、やり抜きましょう、コントロールできることですから、頑張ってコントロールしていきましょうという話です。問題は、コントロールできないことに対して、どうしますかということです。

コントロールできないことを受容する

ややもすると「為せば成る。為さねば成らぬ何事も」という話になりがちです。精神論としても正しいですし、学問的にも裏づけがある話です。しかし、世の中には、コントロールできないことはたくさんあります。それをコントロールしようと思えば、過剰なストレスになり、正しい判断ができなくなり、人によっては、そのことでメンタルヘルス疾患になるでしょう。

たとえば、飛行機に乗ります。乗っている飛行機に爆弾が仕掛けられているかもしれません。整備不良で、エンジンが正常に作動しないこともありえます。あるいは、悪天候で視界が悪くて、山に激突しないとも限りません。そのような可能性は、統計的にとても低いかもしれませんが、ゼロではありません。そういうリスクを回避しようと思えば、飛行機に乗らないことです。

しかし、そうすると行ける範囲は限られることになります。リスクを回避してばかりいるという人生もありますが、何かリターンを得ようと思えば、多少のリスクも許容するということが必要になります。飛行機の話で言えば、リスクはゼロではないということを受容して飛行機に乗ることが必要です。普通の人であれば、自分が乗った飛行機は墜落しないという根拠のない自信を持っています。あるいは、そうなったときはそうなったときと覚悟をしています。元キャビンアテンダントの知人は、フライトの前は毎回覚悟をして、乗っていたと言っていました。コントロールできないことを受容するという話です。

もう少し仕事に関わる話であれば、突然の人事異動のような話もあります。会社の中での異動は、様々な背景の中で行われます。誰かが抜けたら、そこを埋めるためにということで、全社を巻き込んで、玉突き人事が行われます。その中で、自分としては、ありえない異動が起こりえます。コントロールできません。

自分なりに自分の都合のいいように解釈し直して、頑張るということもできます。当然、受け入れられずに、辞めることもできます。どちらにしろ、事前にはコントロールできないことは起こりうるということです。

人は生きて死ぬだけです。

どんな立派な人も、金持ちの人も、悪い人であってもよい人であっても、そのことは、現在の医療技術ではコントロールできません。受け入れるしかありません。私たちは生きて死んで自然に還ります。私たちは、それぞれ意志を持っていますが、一方で、より大きなものの一部です。社会の一部であり、自然の一部です。

大自然を前にすると、自分が大変ちっぽけな存在に思えてきます。自分が居なくても変わらず世界は動くことに気づき、あまりにも小さいことに悩んでいたことを恥じます。同時に、自己を超越し、自己よりも何か大きなものと融合している感覚を持つことができることがあります。瞑想やヨガでも同様の体験が得られます。主客の区別はつかなくなり、より大きな何かの一部となり、自己超越の感覚を得ることができます。

第3章でも触れましたが、マズローは、有名な欲求5段階説を提唱した後に、最も高い欲求の「自己実現」よりも高い欲求として、「自己超越」があることを唱えています。自分を表現し、自分をきわめるよりも高い欲求として、自己を超え、自然や社会や組織の一部として中にいて、自分より大きなものと融和する欲求を持つという話です。

瞑想中の脳を調べてみると、空間を把握している区域が不活性になることがあるそうです。その区域は、自分の境界線や空間の中での位置を把握することに寄与している部分です。その区域が不活性になるということは、自己がどの位置にあるのかわからず、広大な何かと融合している感じがするということです。瞑想やヨガ、あるいは祈りのような儀式は、小さな自己とより大きなものとを融合させる作用があると言います。より大きな流れの中の一部としての自己を取り込むことによって、不安を消し、自分ではコントロールできないことを受容することを促進します。

瞑想やヨガが流行っている理由として、煩雑な日々のストレス解消に役に立っているということがありますが、コントロールできない現実に対してそれを受け入れる素地をつくってくれる作用があるというふうにも読み取ることができます。

コントロールできることは、全力でコントロールする。一方で、コントロールできないことに対して、無理になんとかしようとするのではなく、受け入れることで心の安寧を保つことができます。

ありのままの自分を受容する

「豊かに」働くためには、最終的には、自分と仕事との距離感を見定めながら、自分なりに、自分らしく、ありのままの自分として働くことであると思います。リフが提唱した6つの構成要素のひとつめの

「自己受容」と関連しています。自分のよいところ、悪いところを多面的に理解し、受容しており、自分に対してポジティブな感情を持ち、これまでの自分の人生に対しても、これでいいのだという感情を持って働いているという状態です。そのような状態になることは、居場所を確保する意味でも大切であると思います。

仕事ですので、一つひとつの仕事には、役割があります。警察官には警察官のように振舞って欲しいですし、医者には医者のように振舞って欲しいものです。販売スタッフには、接客において気持ちのよい挨拶と笑顔を求めます。人に会って自然に挨拶や笑顔ができる人であれば問題ありませんが、挨拶することや笑顔になるのが苦手であれば、販売スタッフの仕事を続けていくと、やがて苦痛になってくるでしょう。仕事上の役割と本来の自分が分離している状態を続けていくとストレスがたまるということです。

ただ、人によっては、本来の自分とは切り離して、役割を演じきるのが心地よいという人がいます。そういう人は、自分らしく働いていいよと言われると、かえって戸惑ってしまうかもしれません。仕事のマニュアルがしっかり書かれていて、その通りに働くことが心地よいということもありえます。この場合仕事そのものの位置づけも、その中心性は低く、「コーリング（天職）」というよりは、「ジョブ」という位置づけであり、なるべくなら短時間ですませて、金銭的報酬のために働くという価値観であれば、役割を演じきるほうが精神的に楽だといえるでしょう。そういう働き方はそういう働き方でよいと思いますし、そういう働き方が、その人にとっての自分らしい働き方だと言えるでしょう。

「自分らしさ」と簡単に言っていますが、実は難しい概念です。そもそも、自分というものがわかるには相応の時間と経験が必要です。ゆえに、若い頃は、自分のことはよくわからないというのが一般的です。自己評価も実力以上であったり、逆に過小であったり、安定しないということもあります。自信過剰と過小の間を揺れ動きます。自分のことはよくわからない、自信もあまりないということが一般的です。それこそ、子供は、親の期待にこたえることに精一杯で、自分にとって心地よいことが何かさえもよくわかっていません。逆に、自分がわかっていくということが、大人になるということでもあります。歳をとっても、新しい自分を発見するということがあります。

私自身は、40歳を過ぎて、「人に対するケア」を楽しめて、喜べる自分に気がつきました。お恥ずかしい話ですが、若い頃には、自分をケアするのに精一杯で人に対するケアができず、ケアすることに喜びを持つこともできませんでした。自分の子供たちを育てていく過程で、「人に対するケア」ができる自分に気がつき始めました。また、48歳から始めたことですが、知的障害者にバスケットボールのコーチとして関わって気がついたこともあります。会社の後輩向けに勉強会を主催したときにもわかりました。「人の成長を支援することは楽しく、喜びをもたらしてくれる」ということです。

それはもともと持っていたものなのか、歳をとってから新しい意識が芽生えたのかわかりませんが、自分にとっては発見でした。エリクソンが言うところの「世代継承性」に目覚めたのかもしれません。

合う仕事あるいは天職を選ぶということとつながりますが、行動してみないと自分というものはわかりません。頭の中で、こういう人間ではないかと考えることはできますが、実際に何かをやってみて、こういうのは好きだな、あるいはこういうことは嫌いなんだと感じてみないとわかりません。そういう中で、こういうことは自分らしいなと気がついていきます。

そもそも、「自分らしさ」の前提である「自己」も曖昧な概念です。現代心理学の源流を形成した心理学者のウィリアム・ジェームズは、心に抱く個人の数だけ「自己」を持つと述べています。環境によって自己は変わりますし、相手によって自己は変わります。会社にいるときの自分と一人でいるときの自分は違います。いろいろな人と接していくと、接する人によって、自分の立ち居振る舞い、思考形式が変わることがあります。それに伴って、自己認識も変わります。こういう自分があったのだと気がつくこともあります。肩書きが変われば、人からの目線は変わりますし、それによって、自分の自分に対する評価も変わります。膨らんだり縮んだり、変質するのが自己です。

「自分らしさ」の前提である「自己」がこのようにふわふわしていれば、「自分らしさ」も曖昧になります。状況が変われば変わりますし、歳をとれば変わります。

ただ、「自分らしさ」というのは感じることができるものです。ある場面において、「今の自分って自分らしい」と感じとるのは、「居心地のよい状態だ」と感じとることと似た感覚です。

国立精神・神経医療研究センターの伊藤正哉氏は、「自分らしくある感覚（本来感）」に関して大学生100名に調査を行いました。「『本当の自分』とは何か」「どのようなときに『本当の自分でいる』と思うか」という設問を作成し、大学生に自由に記述してもらい、その調査から、「自分らしくある感覚（本来感）」を測定できる項目をつくっています。その項目は、「いつも自分らしくいられる」「いつでも揺るがない『自分』をもっている」「人前でもありのままの自分が出せる」「これが自分だ、と実感できるものがある」というような項目です。

この研究でわかったことは、「自分らしさ」を感じない人もいるということです。感じることができない人がいるということは、若くて経験が少なすぎて、自分というものがわかっていないからだということが考えられます。一方で、「自分らしさ」ということを感じている人がいるというのも事実です。「自分らしさ」は、集団の中で感じることがありますし、一人でいるときに感じることもあります。ラルフ・ターナー（Turner, R. H.）らの研究によると、

自分が思ったとおりに話ができると感じられるとき

リラックスしているとき

誰かのために行動をしているとき

何かに挑戦していて、達成が見込まれるとき

という4つの状況が、「本当の自分」を感じられる状況であると述べられています。

逆に、

大きな集団に同調しなければならないとき

自律性が欠けているとき

に「本当の自分」が感じられないということです。

日本でも伊藤正哉氏と小玉正博氏が同様の研究を行っており、同じような結果が得られています。自分らしいと感じるかどうかは、リラックスしているのか緊張しているのか、社会的な役割を気にしないでいられるのかどうか、人とのつながりを感じているのかどうか、自己を抑制する必要があるのかどうか、内

発的動機に関わる活動をしているのかどうかというようなことによって左右されることがわかっています。

確かに、集団の中にいる際には、自分が思った通りの言動ができて、それが周りから受け入れられているときに、私たちは自分らしいと感じることができます。ありのままの自分を周りから受容されていることを感じることができ、そのことによって自分らしさを感じることができます。他者から受容されるのを感じて初めて、自分で自分を受容するということになります。

逆に、他者から受け止めてもらえないという状況においては、自分を受け入れることは難しいと言えるでしょう。自分を受け入れるためには、他者からの受け入れが前提になります。しかし、他者から受け入れられようとしすぎると、他者に同調し、自分らしさを失うということにもなりかねません。自分らしさを保つことの難しさがそのあたりにあります。

友人や親兄弟といった、親しい間柄であるとしても、自分らしくあるということができるかどうかは別です。親しい間柄だからこそ、相手の期待にこたえようとする言動をしがちです。特に、親に対して、そういう気持ちを抱くことは無理もないことです。

多くの親は、無意識のうちに、子供に期待します。自分が果たせなかった夢を子供に託します。子供は、親の期待をひしひしと感じ、その期待にこたえようと思います。親は期待するとともに、子供に自信を持たせようとして、その才能や努力を褒めることをします。そのことによって、子供の自尊心は高まります。その一方で、親が思うほど私はできるわけではない、と不安に駆られます。親の期待にこたえられなかったらどうしようと失敗を恐れるようになります。自信と不安を同時に抱えていることもしばしばです。

「自分らしく行動し、ありのままの自分を自分が受け入れる」ということは、難しいことです。私ってこのままでいいんだと思えるためには、相応の経験が必要になってきます。若いときには、このままの自分でよいとはあまり思えません。せっかくなので、何かをやり遂げて、名を馳せてみたいと考えますし、そこまで考えなくても、今の自分ではなく、もっといい自分になろうと思ってしまいます。

のんびりしているのも自分ですし、のんびりしていてはいけないと思うのも自分です。自分はこんなものではないと思うのも自分ですし、こんなものだと思うのも自分です。真面目なところも不真面目なところも、頑張り屋さんのところもおサボリさんのところも自分です。いいところもダメなところも全部ひっくるめて肯定的にとらえていくことが、「ありのままの自分」を受け入れていくということですが、やさしいように思えて難しいことであると思います。

特にダメなところを受け入れるというのが難しいところです。自分として、やることは全部やった。それでもダメならば仕方ないという境地までいかなければ、受け入れることは難しいと思われます。コントロールできることはコントロールしつくす。そして、コントロールできないことは受け入れることが、「ありのままの自分」を受け入れることにつながります。そして、「ありのままの自分」を受け入れ、「自分らしく」働くことによって、豊かに働くことができます。

自己を受け入れるためには、自分のことがわかると同時に、周りの人への尊重も必要になります。「ありのままの自分」を自分で受け入れるためには、「ありのままの自分」を周りの人に受け入れてもらう必要があります。そのためには周りへの配慮が必要になります。ひとりよがりの「ありのまま」はありえません。もっと言うと、相手を尊重し、相手の「ありのまま」を尊重するということが必要になってきます。人は、自分のことを尊重している人を尊重します。相手を尊重し、相手を受け入れることで、自分が周りに受け入れられていく。そして、自分も自分を受け入れていく。そういう順番です。周囲の人とそういう関係性が築けたら、豊かに暮らすことができるでしょう。

しかし、気をつけなければいけないことがあります。

会社が「ありのままの自分」で働くことを好むかどうかは別問題だということです。仕事には求められる役割がありますし会社にも秩序がありますので、会社を構成する社員に、好き勝手に「自分らしく」働かれても困ると思っている会社も少なくありません。社長は社長のように振舞って欲しいと思うのと同じように、社員には社員として振舞って欲しい行動様式があります。ゆえに、そう簡単に「自分らしく」は働けません。

時代は変わりつつあります。それぞれの人にはそれぞれの個性があり、その個性を発揮してもらったほうがよいという風潮が少しずつ主流になってきている傾向にあります。いわゆる多様性（ダイバシティ）の尊重を謳う会社は増えています。女性や外国人や高齢者といった属性の多様性もターゲットに入っているのはもちろん、個人の価値観や働き方のようなことまで尊重する会社は増えています。生産年齢人口が減る中で、このような動きは、今後も増えていくと予想されます。人材不足の中で、個人側が心地よく働ける環境が用意できる会社に人気が集まり、そうでない会社には人材は足りなくなると考えられるからです。

近年、アメリカでは、オーセンティック・リーダーシップ（authentic leadership）という概念に注目が集まっています。オーセンティックは、「本物であること」あるいは「ありのまま」という意味ですが、リーダーになるような人は、ありのままであるべきであるという意味合いで使われています。つまり、自分に対して正直に、他者に対しては嘘偽りなく、自分の価値観に沿って行動することが望まれています。実際に、オーセンティック・リーダーのもとでは、グループ内での信頼感は高まり、グループのパフォーマンスが高いことが多数の研究によって裏づけられています。

つまり、リーダーがどんなに取り繕おうとも、メンバーからは、そのリーダーが本気でそのことを考えているかどうかは、お見通しということです。このリーダーについていったほうがいいのかどうなのか、私たちは直感的に判断します。単に役割だからやっているのか、リーダーが描いているものを本気で実現しようと思うのか、メンバーは直感的にわかります。当然、リーダーが本気で思っているのかどうかによって、メンバーの動きも変わってきて、最終的にはグループのパフォーマンスに影響を与えます。私たち自身も、与えられた役割で行動するよりは、自らの内発的な動機で行動したほうが、より高い業績が上がることはわかっていますし、多くの研究でも支持されています。

このような文脈の中で、リーダーだけではなくフォロワーも含めて、「ありのまま」の行動ができるように、組織文化を整えようとしている会社は増えています。複雑で想定外のことが起こるVUCA[5]の時代において、組織は、社員に対して、細かな役割や行動は決めにくくなっています。また、社員一人ひとりの創意工夫が競争優位の源泉になる中、一人ひとりに自分らしく働いてもらうほうが、会社にとっても業績を上げるチャンスが増えるのではないかと考えられます。

あるいは、顧客と接する現場においても、マニュアルで示された行動による接客よりも個々人が元から持っている知恵や感情による接客のほうが、より価値が高いと考えられます。豊かな社会で暮らす私たちは、単なるサービスではなく、感動する体験を求めています。自分の親しい友人に勧めるように親身になって話をしてくれる店員の店で買いたいと思います。特に、インターネットが発達してきますと、多くの商品は、スマホやパソコンで買えるようになりますが、そうすると、お店で買う価値は、そこでの経験に重きが置かれるようになります。また、そういういいお店の情報やいい会社の口コミ情報は、すぐにインターネット上に流れるようになっています。逆に、悪いお店や悪い会社の情報もすぐに流れるようになっています。そういう意味で、見せかけではないこと、つまり「本物であること（オーセンティック）」の価値は、益々高まっています。

ロブ・ゴーフィーらの研究でも、理想の職場の最も根幹にあるものを「オーセンティシティ（本物であること、ありのまま）」と置いています。組織はどうしても人を型に当てはめようとしますが、それは故意である場合もあるし無意識の場合もあります。多くの組織において、故意に、あるいは無意識に、人の個性をおさえこむことを行っている結果、メンバーの個性を活かすことがうまくできていません。創造性という観点でも、やる気という観点でも、型にはめることは好ましくなく、できるだけそのような力を排除することが経営に求められることであると、ゴーフィーらは提唱しています。

私たちはそういう会社を選ぶことができます。

自由にものを言える風土を持っている会社か

違いを奨励する会社か

個人の創意工夫を尊ぶ会社か

互いの価値観を尊重しあっている会社か

一人ひとりを丸ごとの人間として見ている会社か

このような視点で、会社を選ぶことができます。ありのままの自分でいられる会社は少ないですが、奨励している会社は存在します。たとえば、働きがいに関する調査・分析を行っているGPTWの「働きがいのある会社」にランキングされているような会社は、そのような会社候補群の一例と言えるでしょう。(6)

少しまとめましょう。

豊かに働くためには、「自分らしく働き、ありのままの自分を受け入れること」が必要です。そのためには、まず、自分のことをわかる必要があります。しかし、仕事経験が少なければ、自分のことはよくわからないでしょう。自分のことをわかるためには、相応の経験が必要です。多様な仕事の経験は、様々な自己発見をもたらします。こういう仕事は楽しいけれど、こういう仕事は苦手だということがわかってきます。そのような経験を重ねていくことによって、徐々に自分がわかってきます。しかし、より理解するためには、自分がコントロールできることをやりきることが必要です。やりきってみて初めて、できることとできないことがわかってきます。

経験することで、できることとできないことという能力面と、心地よいことと心地よくないことという志向面もわかってきます。さらに理解を進めるためには、自分の感情に敏感になり、どういうことが心地よいことなのか言語化してみることも有効だと思われます。そして、自分らしくいられる状況、自分らしさが感じられる仕事を明確にしてみましょう。

経験を重ねていくと、失敗の数は増えます。失敗をするからこそ自分というものがわかってきます。二度と社会復帰できないような失敗は困りますが、多くの失敗の影響はたいしたことはありません。むしろ、失敗によって学ぶことがありますので、短期的にはマイナスに見えても長期的にはプラスのことが多いと思われます。ゆえに、多くの自己啓発本では挑戦を勧めています。

失敗を繰り返すことによって、同じような失敗は避けられるようになります。また、自分の失敗の傾向もわかってきます。たとえば、成功を重ねた後に過信して失敗することが多い。初めてのことで慎重になりすぎて失敗してしまう。準備が不十分でよく失敗する。実力以上のことを望んで失敗してしまう。

失敗するからこそ、自分が見えてきます。そして、失敗する自分を受け入れられることが、「ありのままの自分」を受け入れることにつながります。

「ありのままの自分」というと、自分勝手にふるまってもいいのだと誤解をする人もいます。よく考えればわかりますが、自分勝手にしていては「ありのままの自分」を他者に受け入れてもらうのは難しいでしょう。

逆説的ですが、「ありのままの自分」を自分として受け入れるためには、他者から「ありのままの自分」を認められる必要があります。「そのままでいいんだよ」と他者から受け入れられて初めて、私たちは自分に自信を持つことができ、「ありのままの自分」でいられますし、「ありのままの自分」を受け入れることができます。

そのような関係性を職場の人たちとつくることができれば、豊かに働くことにつながります。

＊＊＊

この章をまとめます。

目的を持って働く。
仮決めでもよいから、何らかの目的やこだわりたいテーマをもって働く。
そして、自分がコントロールできることに集中していく。
コントロールできないことをコントロールしようと思わないで受け入れる。
コントロールできることとできないことの線引きには、経験が必要である。

やってみないとその線がどこにあるのかわからないから経験を重ねる。

そのようなことがわかってくることが大人になるということであるし、その醍醐味を味わって欲しいと思います。

そして、自分らしく働く。

そういう自分を好きになる。

そういう自分を受け入れていく。

快楽や喜びや充実や達成のようなポジティブな感情だけではなく、悲しみや苦しみ、妬みや怒りのようなネガティブな感情も味わいながら働く。

そのように豊か（エウダイモニア的）に働くことを提唱します。

注

（1）Suh, E., Diener, E., Oishi, S., & Triandis, H. C. (1998) The Shifting basis of life satisfaction judgements across cultures: Emotions versus norms. *Journal of Personality and Social Psychology, 74*(2), 482.

（2）「プランドハップンスタンス」セオリーは、クランボルツが１９９９年に提唱した概念であり、その後、日本でもよく使われている概念です。それ以前にさかのぼると、環境変化によって自らも変わることを提唱した「プロティアン（変幻自在の）・キャリア」（Hall, D. T., 1976）もデザインしないという意味では、反デザイン派と言えます。一方で、「キャリアデザイン」派という学者が明確にいるわけではないが、キャリアはデザインするものであるという概念は、90年代までのアメリカでは色濃くありました。

（3）この言葉のルーツは、アメリカの神学者ラインホルド・ニーバー（1982-1971）がつくった「ニーバーの祈り」にある。オリジナルは、「神よ。変えることのできるものについて、それを変えるだけの勇気をわれらに与えたまえ。変えることのできないものについては、それを受けいれるだけの冷静さを与えたまえ。そして、変えることのできるものと、変えることのできないものとを、識別する知恵を与えたまえ」です。

（4）大企業の社長を対象に、経営者の育ち方研究を行いました。その際に「社長になりたかったかどうか」を質問しましたが、社長になりたかった人は一人もいませんでした。古野庸一・藤村直子（2013）「大企業におけるプロ経営者になるための学びのプロセス（Fセッション[研究発表])」『経営行動科学学会年次大会　発表論文集』16、155-160。

（5）「VUCA」とは、Volatility（変動）、Uncertainty（不確実）、Complexity（複雑）、Ambiguity（曖昧）の頭文字をつなぎ合わせた造語。

（6）GPTW「2018年版　日本における『働きがいのある会社』ランキング」(https://hatarakigai.info/)。

最後に

本書は、「働く」ことについて書いたものです。

豊かさを享受しながら、地球環境に配慮しなければいけない時代。
人工知能やロボットによって、仕事が奪われることが予期される時代。
寿命が伸び、高齢になっても働き続けることが期待される時代。
共働きが当たり前になっていく時代。
日本の人口が減っていく時代。
多様性が重視される時代。

これまでの「働く」という概念が変わっていき、これまでの常識が見直されるのではないかと感じています。そのことは、個人にとってはうれしい側面もありますが、厳しい側面もあります。

ＡＩやロボットは、仕事を奪うかもしれませんが、それはデジタル化しやすい仕事、つまり単純労働や定型業務からはじまっていきます。高度な思考や曖昧な情報による意思決定や、感情や創造を伴う業務すべてが置き換わるかどうかはわかりませんし、置き換わるには時間がかかると思われます。ＡＩやロボットではできない業務、つまりより人間的な業務にパワーを割けるという意味で、そのことを喜ぶ人もいますが、仕事をジョブとして淡々とこなしたいと思っている人にとっては、厳しい時代になってくるかもしれません。

寿命が伸び、高齢者が増え、高齢者を支える人が減ることが予想される中、社会保障費の財源の問題を考えると、働く期間は長くなることが予想されます。60歳が定年だった仕事は、65歳になり、70歳になり、そしてそれ以降も働き続ける必要に迫られる人は増えるでしょう。

仕事そのものが楽しくなかったり、意味がないと思ったりしているのに、より長い期間仕事を続けていくことは、つらい経験になります。ゆえに、自分なりに仕事を面白くすることや、自分の仕事を意味づけることと、働く目的を持つことの価値は高くなります。

始めから仕事を楽しめる人もいるかもしれませんが、それはむしろ少数派で、多くの人にとって仕事は楽しめなかったり、意味が見出せなかったりするものです。就いた仕事で楽しみや意味を見出そうとすること、あるいは、そこで楽しみや意味が見出せなった場合には、より自分に合う仕事を見つけにいくという行為は、今後ますます大切になっていきます。仕事を面白くしていくジョブ・クラフティングやより合う仕事を見つけにいくことなど、多くはコントロールできることです。コントロールできることはコントロールしましょうということです。

楽しいと思える仕事は、自分で工夫し、実験でき、学べるような仕事です。それを夢中で行っているときは、フロー状態にあり、幸福な気分に満たされます。また、仕事を楽しんでいる人や仕事を意味づけている人のほうが、パフォーマンスが高いことも報告されています。それはすなわち、居場所を確保できるということです。

ただ、それは辛いことでもあります。学んでいる最中は、失敗の連続です。うまくいかないことを何度も経験するわけですから、ある意味、辛い経験です。挑戦するためには、エネルギーを高めて、挑戦しようとする気力が必要です。

そもそも何かをやるということには、エネルギーや気力が必要です。ある意味、やらないほうが楽です。人は、脳も体もエネルギーを浪費しないようにできていますので、ついサボろうとしがちです。ただ、何もかも満たされた状況がよいかどうかは別問題です。

世界中の動物園にいるゾウ４５００頭を対象にしたロス・クラブ（Clubb, R.）らの調査では、動物園にいるアフリカゾウの寿命は16・９歳であるのに対して、ケニアの国立公園で自然に暮らすゾウの寿命は56歳ということです。天敵がいるわけではなく、エサも十分な動物園のゾウの寿命が、野生のゾウの３分の1という事実は、十分に満たされていることが生き残りの条件ではないということを示唆します。

コントロールできないことを受容するものの、コントロールできることはコントロールしようという姿勢が「生き残り」と「幸福になる」ことを促進していくと考えられます。

長い期間働くということを前提に考えていきますと、キャリアの途中で立ち止まり、過去を振り返り、未来を考え、自分のキャリアを選択していく機会も増えていくと思われます。

そのようなことは、人類が経験したことがないことです。向いているかどうかに関係なく、親が行っている仕事を引き継ぐということを太古から行ってきていました。「働く」理由もはっきりしていました。食うために働くということです。働かなければ生き残ることはできませんでした。

現代において、「生き残る」ために懸命に働きすぎることは、皮肉なことに、様々な疾患の要因にもなりえます。環境に適応するために周りの人に合わせすぎれば、自分の人生にもかかわらず、自分のものではなくなります。無理に合わせることで、心身へ負担をかけることになります。頑張って働いていると、心の傷に気づかないこともよくあります。そのように忙しい時期こそ、ゆったりとした空間で、心を落ち着ける時間を持つことを勧めます。そして、自分に次のようなことをやさしく語りかけてみてください。

「あなたは頑張っていますよ。本当に頑張っていますよ」
「いいところがたくさんありますよ」

そのときに、自分の心の動き、反応を感じとってください。このワークは、一種のリフレクションです。ややもすると、私たちのリフレクションはダメなところ探しになりがちです。いわゆる反省モードです。しかし、うまくやれたことも多いはずです。「うまくやれた」というポジティブなフィードバックを行い、でも「ここだけはあらためよう」というネガティブな面から次につながるフィードバックを行うことによって、リフレクションはより効果的になると、コーチを行っている知人から聞きました。ダメなところもあるけれどもいいところもある自分を受容していくことで、自分を取り戻していけます。

自分が自分の人生の主人公であり、世界はその舞台です。「働く」ことを通じて、「生き残る」ことだけではなく、「幸福になる」ことを試みることで、世界は自分の味方であると感じられると信じています。

当たり前のことですが、たくさんの方々の助けがあって、本を書き上げ、出版することができます。この紙面をお借りして、お世話になったみなさんに、感謝の意を表したいと思います。

まず、インタビューをさせていただいた方々。その節は、ありがとうございました。みなさんのお名前は、プライバシーの関係がありますので、ここでは控えさせていただきますが、みなさんの人生、キャリア、言葉ひとつひとつがこの本の血肉になっていることは間違いありません。いくつかの箇所で、みなさんの言葉そのものを引用させていただいています。心より感謝しています。

リクルート旧キャリア開発事業のみなさん。長期間にわたって、みなさんと議論し、作り上げてきたことがこの本の骨になっています。あらためて、この場を借りて、感謝の意を伝えたいと思います。ありがとうございます。特に、故児玉拓也さんとは生前多くの時間を割いて「働く」ことの意味、大切なことを議論していました。児玉さんがいたからこそ、この本を書くことができたと言っても過言ではありません。誠にありがとうございました。

リクルートマネジメントソリューションズ同僚とパートナーのみなさん。いつもお世話になっています。特に佐々木一寿さん、仲間大輔さん、藤井卓哉さん、米川青馬さんには、執筆途中に、アドバイスとあたたかい感想をいただき、誠にありがとうございました。アドバイスは大変参考になり、感想は執筆する際の励みになりました。

「働く」ことをテーマとして、いくつかのワークショップで話すことがありますが、その際に話した内容とみなさんの意見、感想、反応も、この本を書くときに参考にさせていただいています。ワークショップを企画していただいた方々。その中でも、特に、東京大学の菅原育子先生、リファイン就労支援センターの井田高志さん、修猷館高校OBの中津浩喬さん、ありがとうございました。ワークショップにおいて、好意的な反応があったからこそ、執筆の励みになりました。心より感謝します。

それから、白桃書房の平千枝子さん。出版の機会をいただき、誠にありがとうございました。平さんには、的確で厳しい指摘の一方であたたかく見守っていただいたおかげで、出版に漕ぎ着けたと思っております。ありがとうございました。

最後に、読書のみなさん。最後までお付き合いいただき、誠にありがとうございました。

本書が、あなたの一助になることを切に願います。

古野　庸一

参考文献

Arthur, M. B. (1994). *The boundaryless career: A new perspective for organizational inquiry*. John Wiley & Sons.

Benner, P. E. (2001). *From novice to expert: Excellence and power in clinical nursing practice*. Pearson（井部俊子・井村真澄・上泉和子訳 『看護論』 医学書院、一九九二年）.

Boyle, P. A., Buchman, A. S., Wilson, R. S., Yu, L., Schneider, J. A., & Bennett, D. A. (2012). Effect of purpose in life on the relation between Alzheimer disease pathologic changes on cognitive function in advanced age. *Archives of General Psychiatry, 69*(5), 499–504.

Choudhry, N. K., Fletcher, R. H., & Soumerai, S. B. (2005). Systematic review: The relationship between clinical experience and quality of health care. *Annals of Internal Medicine, 142*(4), 260–273.

Clubb, R., Rowcliffe, M., Lee, P., Mar, K. U., Moss, C., & Mason, G. J. (2008). Compromised survivorship in zoo elephants. *Science, 322*(5908), 1649–1649.

Dewey, J.(1938). *Experience and education*. The Macmillan Company（市村尚久訳『経験と教育』講談社、二〇〇四年）.

Dragoni, L., Tesluk, P. E., Russell, J. E., & Oh, I. S. (2009). Understanding managerial development: Integrating developmental assignments, learning orientation, and access to developmental opportunities in predicting managerial competencies. *Academy of Management Journal, 52*(4), 731–743.

Dreyfus, S. E. (2004). The five-stage model of adult skill acquisition. *Bulletin of Science, Technology & Society, 24*(3), 177–181.

Driver M. J. (1979). Career concepts and career management in organizations. In Cooper, C. (ed.), *Behavioral problems in organizations*, 79–139. Prentice Hall.

Duffy, R. D., Dik, B. J., & Steger, M. F. (2011). Calling and work-related outcomes: Career commitment as a mediator. *Journal of Vocational Behavior, 78*(2), 210–218.

Duffy, R. D., & Sedlacek, W. E. (2010). The salience of a career calling among college students: Exploring group differences and links to religiousness, life meaning, and life satisfaction. *The Career Development Quarterly, 59*(1), 27–41.

Dweck, C. S. (1986). Motivational processes affecting learning. *American Psychologist, 41*(10), 1040–1048.

Easterlin, R. A. (1974). Does economic growth improve the human lot? Some empirical evidence. *Nations and Households in Economic Growth, 89*, 89–125.

Easterlin, R. A. (1995). Will raising the incomes of all increase the happiness of all? *Journal of Economic Behavior & Organization, 27*(1), 35–47.

Emmons, R. A., & McCullough, M. E. (2003). Counting blessings versus burdens: An experimental investigation of gratitude and subjective well-being in daily life. *Journal of Personality and Social Psychology, 84*(2), 377.

Ericsson, K. A., Krampe, R. T., & Tesch-Römer, C. (1993). The role of deliberate practice in the acquisition of expert performance. *Psychological Review, 100*(3), 363.

Friedman, E. M., & Ryff, C. D. (2012). Living well with medical comorbidities: A biopsychosocial perspective. *The Journals of Gerontology Series B: Psychological Sciences and Social Sciences, 67*(5), 535–544.

Hackman, J.R., & Oldham, G.R. (1976). Motivation through the design of work: Test of a theory. *Organizational Behavior and Human Performance, 16*, 250–279.

Hall, D. T. (1976). *Careers in organizations*. Scott Foresman & Co.

Harrison, J. K., Lawson, T., & Wortley, A. (2005). Mentoring the beginning teacher: Developing professional autonomy through critical reflection on practice. *Reflective Practice, 6*(3), 419–441.

Kahneman, D., Diener, E., & Schwarz, N. (eds.). (1999). *Well-being: Foundations of hedonic psychology*. Russell Sage Foundation.

Kahneman, D., Krueger, A. B., Schkade, D. A., Schwarz, N., & Stone, A. A. (2004a). A survey method for characterizing daily life experience: The day reconstruction method. *Science, 306*(5702), 1776–1780.

Kahneman, D., Krueger, A. B., Schkade, D., Schwarz, N., & Stone, A. A. (2004b). Toward national well-being accounts.

The American Economic Review, 94(2), 429–434.

Kahneman, D., Krueger, A. B., Schkade, D., Schwarz, N., & Stone, A. A. (2006). Would you be happier if you were richer? A focusing illusion. *Science, 312*(5782), 1908–1910.

Kasser, T. E., & Kanner, A. D. (2004). *Psychology and consumer culture: The struggle for a good life in a materialistic world.* American Psychological Association.

Kim, E. S., Sun, J. K., Park, N., & Peterson, C. (2013). Purpose in life and reduced incidence of stroke in older adults:'The Health and Retirement Study.' *Journal of Psychosomatic Research, 74*(5), 427–432.

Kolb, D. A.(1984)*Experiential learning: Experience as the source of learning and development* . Prentice–Hall.

Leroy, H., Anseel, F., Gardner, W. L., & Sels, L. (2015). Authentic leadership, authentic followership, basic need satisfaction, and work role performance: A cross–level study. *Journal of Management, 41*(6), 1677–1697.

Loher, B. T., Noe, R. A., Moeller, N. L., & Fitzgerald, M. P. (1985). A meta–analysis of the relation of job characteristics to job satisfaction. *Journal of Applied Psychology, 70*(2), 280.

Lombardo, M.M., & Eichinger, R.W. (2002). *The Leadership Machine.* Lominger.

Lykken, D., & Tellegen, A. (1996). Happiness is a stochastic phenomenon. *Psychological Science, 7*(3), 186–189.

Lyubomirsky, S., Sheldon, K. M., & Schkade, D. (2005). Pursuing happiness: The architecture of sustainable change. *Review of General Psychology, 9*(2), 111.

Polanyi, M. (1967). *The tactic dimension.* ME Sharp（高橋勇夫訳『暗黙知の次元』筑摩書房、二〇〇三年).

Rogers, C. H., Floyd, F. J., Seltzer, M. M., Greenberg, J., & Hong, J. (2008). Long–term effects of the death of a child on parents' adjustment in midlife. *Journal of Family Psychology, 22*(2), 203–211.

Rotter, J. B. (1966). Generalized expectancies for internal versus external control of reinforcement. *Psychological Monographs: General and Applied, 80*(1), 1.

Ryff, C. D. (1989). Happiness is everything, or is it? Explorations on the meaning of psychological well–being. *Journal of Personality and Social Psychology, 57*(6), 1069.

Ryff, C. D. (2013). Psychological well-being revisited: Advances in the science and practice of eudaimonia. *Psychotherapy and Psychosomatics, 83*(1), 10-28.

Schein, E. H. (1978). *Career dynamics: Matching individual and organizational needs.* Addison Wesley（二村敏子・三善勝代訳『キャリア・ダイナミクス』白桃書房、一九九一年）.

Schön, D. A. (1983). *The reflective practitioner: How professionals think in action* (Vol. 5126). Basic books（柳沢昌一・三輪建二訳『省察的実践とは何か―プロフェッショナルの行為と思考』鳳書房、二〇〇七年）.

Schulz, R., & Decker, S. (1985). Long-term adjustment to physical disability: The role of social support, perceived control, and self-blame. *Journal of Personality and Social Psychology, 48*(5), 1162.

Seijts, G. H., & Latham, G. P. (2005). Learning versus performance goals: When should each be used? *The Academy of Management Executive, 19*(1), 124-131.

Spengler, P. M., & Pilipis, L. A. (2015). A comprehensive meta-reanalysis of the robustness of the experience-accuracy effect in clinical judgment. *Journal of Counseling Psychology, 62*(3), 360-378.

Sternberg, R. J., & Wagner, R. K. (1992). Tacit knowledge: An unspoken key to managerial success. *Creativity and Innovation Management, 1*(1), 5-13.

Suh, E., Diener, E., Oishi, S., & Triandis, H. C. (1998). The shifting basis of life satisfaction judgments across cultures: Emotions versus norms. *Journal of Personality and Social Psychology, 74*(2), 482.

Turner, R. H., & Billings, V. (1991). The social contexts of self-feeling. In Howard, J.A. & Callero. P. (eds.), *The self-society dynamic: Cognition, emotion, and action*, 103-122. Cambridge University Press.

Wagner, R. K., & Stanovich, K. E. (1996). Expertise in reading. In Ericsson, K. A., *The road to excellence: The acquisition of expert performance in the arts and sciences, sports, and games*, 189-225. Lawrence Erlbaum.

Wright, T. A., & Cropanzano, R. (2000). Psychological well-being and job satisfaction as predictors of job performance. *Journal of Occupational Health Psychology, 5*(1), 84.

Wrzesniewski, A., & Dutton, J. E. (2001). Crafting a job: Revisioning employees as active crafters of their work. *Acade-*

my of Management Review, 26(2), 179–201.
Wrzesniewski, A., McCauley, C., Rozin, P., & Schwartz, B. (1997). Jobs, careers, and callings: People's relations to their work. *Journal of Research in Personality, 31*(1), 21–33.

アラン著／神谷幹夫訳（１９９８）『幸福論』岩波書店。

アリストテレス著／高田三郎訳（１９７１）『ニコマコス倫理学（上）』岩波書店。

生田久美子（１９８７）『「わざ」から知る』東京大学出版会。

石津憲一郎・安保英勇（２００８）「中学生の過剰適応傾向が学校適応感とストレス反応に与える影響」『The Japanese Journal of Educational Psychology』56（1）、23–31。

伊藤洋志（２０１２）『ナリワイをつくる―人生を盗まれない働き方』東京書籍。

伊藤正哉・小玉正博（２００５）「自分らしくある感覚（本来感）と自尊感情が well-being に及ぼす影響の検討」『教育心理学研究』53（1）、74–85。

伊藤正哉・小玉正博（２００７）「自分らしくいる・いない生活状況についての探索的検討」『筑波大学心理学研究』34、75–84。

犬丸義一校訂（１９９８）『職工事情』岩波書店。

ヴェーバー，M．著／大塚久雄訳（１９８９）『プロテスタンティズムの倫理と資本主義の精神』岩波書店。

ウォーコップ，O．S．著／深瀬基寛訳（１９８４）『ものの考え方―合理性への逸脱』講談社。

ヴォネガット，K．Jr．著／浅倉久志訳（２００５）『プレイヤー・ピアノ』早川書房。

エモンズ，R．著／片山奈緒美訳（２００８）『Gの法則―感謝できる人は幸せになれる』サンマーク出版。

エリクソン，A．著／土方奈美訳（２０１６）『超一流になるのは才能か努力か？』文藝春秋。

大久保幸夫（２００６）『キャリアデザイン入門Ⅰ　基礎力編』日本経済新聞社。

大竹文雄（２００４）「失業と幸福度」『日本労働研究雑誌』５２８、59–68。

大竹文雄・白井小百合・筒井義郎編（２０１０）『日本の幸福度　格差・労働・家族』日本評論社。

大野裕（2011）『はじめての認知療法』講談社。

小塩隆士（2014）『「幸せ」の決まり方─主観的厚生の経済学』日本経済新聞出版社。

小塩隆士・浦川邦夫（2012）「主観的厚生に関する相対所得仮説の検証」『経済研究』63、42-55。

小野泉・古野庸一（2010）『「いい会社」とは何か』講談社。

カーソン，R．著／上遠恵子訳（1996）『センス・オブ・ワンダー』新潮社。

金井壽宏（2002）『働くひとのためのキャリア・デザイン』PHP研究所。

金井壽宏（2005）『リーダーシップ入門』日本経済新聞社。

金井壽宏（2010）「キャリアの学説と学説のキャリア」『日本労働研究雑誌』52（10）、4-15。

金井壽宏・楠見孝編（2012）『実践知─エキスパートの知性』有斐閣。

鎌田慧（1983）『自動車絶望工場─ある季節工の日記』講談社。

鎌田慧（1986）『日本人の仕事』平凡社。

グラッドウェル，M．著／勝間和代訳（2009）『天才！成功する人々の法則』講談社。

グラットン，L．・スコット，A．著／池村千秋訳（2012）『ワーク・シフト─孤独と貧困から自由になる働き方の未来図〈2025〉』プレジデント社。

ケインズ，J．M．著／山岡洋一訳（2010）『ケインズ説得論集』日本経済新聞出版社。

玄田有史（2010）『希望のつくり方』岩波書店。

ゴーフィー，R．・ジョーンズ，G．著／森由美子訳（2016）『ドリーム・ワークプレイス─だれもが「最高の自分」になれる組織をつくる』英治出版。

坂本光司（2008）『日本でいちばん大切にしたい会社』あさ出版。

シャイン，E．H．・ヴァン＝マーネン，J．著／尾川丈一・森田廣志訳（2015）『キャリア・マネジメント─変わり続ける仕事とキャリア』プロセス・コンサルテーション。

ジェームズ，W．著／今田寛訳（1992）『心理学』岩波書店。

ショア，J．著／森岡孝二・青木圭介・成瀬龍夫・川人博訳（1993）『働きすぎのアメリカ人─予期せぬ余暇の減少』

窓社。

ショア，J．著／森岡孝二訳（2011）『浪費するアメリカ人―なぜ要らないものまで欲しがるか』岩波書店。

ショーペンハウアー，A．著／橋本文夫訳（1958）『幸福について―人生論』新潮社。

ジョセフ，S．著／北川知子訳（2013）『トラウマ後の成長と回復―心の傷を超えるための6つのステップ』筑摩書房。

スキデルスキー，R．・スキデルスキー，E．著／村井章子訳（2014）『じゅうぶん豊かで，貧しい社会―理念なき資本主義の末路』筑摩書房。

スマイルズ，S．著／竹内均訳（2002）『スマイルズの世界的名著　自助論』三笠書房。

スミス，A．著／高哲男訳（2013）『道徳感情論』講談社。

セリグマン，M．著／小林裕子訳（2004）『世界でひとつだけの幸せ―ポジティブ心理学が教えてくれる満ち足りた人生』アスペクト。

セリグマン，M．著／山村宣子訳（2013）『オプティミストはなぜ成功するか』パンローリング。

ターケル，S．著／中山容訳他（1983）『仕事！』晶文社。

ダックワース，A．著／神崎朗子訳（2016）『やり抜く力―人生のあらゆる成功を決める「究極の能力」を身につける』ダイヤモンド社。

チクセントミハイ，M．著／今村浩明訳（1996）『フロー体験―喜びの現象学』世界思想社。

ドゥエック，C．S．著／今西康子訳（2008）『「やればできる！」の研究―能力を開花させるマインドセットの力』草思社。

ドーア，R．（2005）『働くということ―グローバル化と労働の新しい意味』中公新書。

富永幹人・山田梨紗子（2016）「自己像と居場所感に関する研究―「本当の自分」と「仮面の自分」の観点から」『福岡女学院大学紀要　人間関係学部編』17，29-42。

中原淳・金井壽宏（2009）『リフレクティブ・マネジャー―一流はつねに内省する』光文社。

西岡常一・小川三夫・塩野米松（2005）『木のいのち木のこころ―天・地・人』新潮社。

ニューバーグ，A．・ダギリ，E．・ローズ，V．著／木村俊雄訳（2003）『脳はいかにして「神」を見るか―宗教体験のブレイン・サイエンス』PHP研究所。

ノージック，R．著／嶋津格訳（1995）『アナーキー・国家・ユートピア―国家の正当性とその限界』木鐸社。

ハクスリー，A．著／黒原敏行訳（2013）『すばらしい新世界』光文社。

パスカル著／前田陽一・由木康訳（1973）『パンセ』中央公論新社。

ヒルティ，C．著／草間平作訳（1981）『幸福論』岩波書店。

福沢諭吉（1978）『学問のすゝめ』岩波書店。

フランクル，V．著／池田香代子訳（2002）『夜と霧　新版』みすず書房。

古野庸一・藤村直子（2013）「大企業におけるプロ経営者になるための学びのプロセス（Fセッション〔研究発表〕）」『経営行動科学学会年次大会　発表論文集』16、155-160。

ベラー，R．・サリヴァン，W．M．・ティプトン，S．M．・マドセン，R．・スウィドラー，A．著／島薗進・中村圭志訳（1991）『心の習慣―アメリカ個人主義のゆくえ』みすず書房。

細井和喜蔵（1954）『女工哀史』岩波書店。

ホックシールド，A．R．著／石井准・室伏亜希訳（2000）『管理される心―感情が商品になるとき』世界思想社。

ホックシールド，A．R．著／坂口緑・中野聡子・両角道代訳（2012）『タイム・バインド《時間の板挟み状態》働く母親のワークライフバランス―仕事・家庭・子どもをめぐる真実』明石書店。

前野隆司（2013）『幸せのメカニズム　実践・幸福学入門』講談社。

マルクス，K．著／向坂逸郎訳（1969）『資本論』岩波書店。

マルクス，K．著／長谷川宏訳（2010）『経済学・哲学草稿』光文社。

ミッシェル，W．著／柴田裕之訳（2015）『マシュマロ・テスト―成功する子・しない子』早川書房。

ミル，J．S．著／川名雄一郎・山本圭一郎訳（2010）『功利主義論集』京都大学学術出版会。

山本茂実（1977）『ある製糸工女哀史　あゝ野麦峠』角川出版。

ライシュ，R．B．著／清家篤訳（2002）『勝者の代償―ニューエコノミーの深淵と未来』東洋経済新報社。

ラッセル，B．著／安藤貞雄訳（1991）『ラッセル　幸福論』岩波書店。

リフキン，J．著／柴田裕之訳（2015）『限界費用ゼロ社会―〈モノのインターネット〉と共有型経済の対等』NHK出版。
リュボミアスキー，S．著／金井真弓訳（2012）『幸せがずっと続く12の行動習慣』日本実業出版社。

【調査等】

NHK「日本人の意識調査」
金融広報中央委員会「家計の金融行動に関する世論調査　平成27年調査」
厚生労働省「国民生活基礎調査の概況」
厚生労働省「平成26年　就業形態の多様化に関する総合実態調査」
統計数理研究所「日本人の国民性調査」
内閣府「国民生活に関する世論調査」
内閣府「国民生活選好度調査」
ボストンコンサルティンググループ「BCG世界消費者調査　2013」

索　引

さ行

た行

な行

は行

ま行

や行

ら行

わ行

欧・数

▨ 著者紹介

古野 庸一（ふるの　よういち）

株式会社リクルートマネジメントソリューションズ　組織行動研究所　所長

1987年に東京大学工学部卒業、株式会社リクルートに入社。南カリフォルニア大学でMBA取得。キャリア開発に関する事業開発、NPOキャリアカウンセリング協会設立に参画する一方で、ワークス研究所にてリーダーシップ開発、キャリア開発研究に従事。2009年より現職。週末は、スペシャルオリンピックス活動に従事。

主な著作

『日本型リーダーの研究』日経ビジネス人文庫，2008年

『「いい会社」とは何か』（共著）講談社現代新書，2010年

『ハイ・フライヤー―次世代リーダーの育成法』（共訳）プレジデント社，2002年

「『一皮むけた経験』とリーダーシップ開発」『一橋ビジネスレビュー』2001年夏号（共著）

など

■「働《はたら》く」ことについての本当《ほんとう》に大切《たいせつ》なこと

■ 発行日――2019年3月26日　初版発行　〈検印省略〉

2019年6月6日　第3刷発行

■ 著　者――古野庸一《ふるのよういち》

■ 発行者――大矢栄一郎

■ 発行所――株式会社　白桃書房《はくとうしょぼう》

〒101-0021　東京都千代田区外神田5-1-15

☎03-3836-4781　Ⓕ03-3836-9370　振替00100-4-20192

http://www.hakutou.co.jp/

■ 印刷・製本――藤原印刷